AF263732

JUAN CARLOS HARRIGAN

Cómo CAMINAR *en el* PODER *del* ESPÍRITU SANTO

renacer

CÓMO CAMINAR EN EL PODER DEL ESPÍRITU SANTO

Claves espirituales para vencer, avanzar y cumplir tu propósito
por Juan Carlos Harrigan

Publicado y Distribuido por EDITORIAL RENACER
Paperback 978-1-963920-56-7
Hardcover: 978-1-963920-57-4
Digital: 978-1-963920-58-1
Diseño de Portada e Interior: Pablo Montenegro
Correcciones: Mercedes Merlo

CONTENIDO

AL LECTOR

Es un privilegio y gran honor presentarles este libro que nace del fruto inspirador del ministerio y sabiduría del Pastor Juan Carlos Harrigan. La relación que tiene el Pastor con el Espíritu Santo, sin lugar a dudas lo llevó a escribir estas profundas enseñanzas, las cuales llevará a cada lector a sumergirse en una experiencia espiritual y sobrenatural que lo acerque más a Dios.

Este libro describe una verdad fundamental: *"Caminar en el poder del Espíritu Santo no es una opción, sino una necesidad"*. Nuestro Señor Jesús nos dejó el ejemplo perfecto al depender completamente del Espíritu Santo durante su ministerio aquí en la tierra. De la misma manera, el libro que tienes en tus manos te invitará a explorar los principios bíblicos que hacen posible que el poder de Dios fluya a través de tu vida de manera constante y efectiva. Aprenderás que la humildad, la obediencia y la comunión íntima con el Espíritu Santo son los requisitos fundamentales para experimentar su poder manifestado de manera tangible.

Actualmente muchos creyentes luchan por vivir una vida victoriosa en Cristo, y a menudo buscan soluciones en sus propias fuerzas, olvidando que el verdadero poder proviene del Espíritu Santo.

Este libro es un tesoro espiritual lleno de verdades que pueden revolucionar tu vida. Cada capítulo te lleva por un camino de revelación, iluminando las Escrituras y mostrando cómo hombres como Moisés, David y los Apóstoles dependieron completamente del Espíritu Santo para cumplir las asignaciones de Dios.

Si estás cansado de caminar sin dirección, si anhelas experimentar un avivamiento genuino, o si deseas ser un vaso útil en las manos de Dios, este libro es para ti.

Permite que el Espíritu Santo utilice este material para proporcionarte herramientas prácticas y ejemplos concretos que te ayudarán a cultivar una relación íntima y transformadora con Él. Prepárate a ser desafiado en lo más profundo de tu ser, a ser inspirado y a experimentar una verdadera transformación a medida que explores los secretos para caminar en su poder.

INTRODUCCIÓN

Desde el principio de los tiempos, el Espíritu Santo ha sido el motor que impulsa los propósitos eternos del reino de Dios, preparando a hombres y mujeres comunes para realizar obras extraordinarias. Este libro nace del deseo ardiente de revelar una verdad esencial, y es que no puedes cumplir el llamado divino en tus propias fuerzas. Solo cuando decides rendirte por completo al Espíritu Santo, puedes experimentar el poder transformador y sobrenatural que Él provee.

Cuando tienes una relación personal con Él, comprendes que Dios se manifiesta de forma poderosa en nuestras vidas, cuando aprendemos a someternos a la dirección y el liderazgo del Espíritu Santo. Este libro desafiará tu corazón a experimentar una relación íntima y obediente con el Espíritu Santo. A lo largo de sus capítulos, podrás ver poderosos ejemplos bíblicos que ilustran cómo hombres y mujeres de Dios lograron grandes hazañas al caminar en la unción y el poder del Espíritu Santo.

Prepárate para ser impactado, inspirado y transformado a medida que vayas conociendo los secretos para caminar en la manifestación del poder del Espíritu Santo, donde conocerás las claves para entender su naturaleza como persona, ser guiado a depender de su poder y así dar pasos conforme a un estilo de vida que a Él le agrade. Déjate llevar por las enseñanzas de este libro y permite que el Espíritu Santo te conduzca a una nueva dimensión de eficacia y fruto en tu vida espiritual.

Caminar en el poder del Espíritu Santo no es un privilegio reservado para algunos; es una invitación abierta a todos los hijos de Dios. Él quiere guiar cada paso que des en esta vida, desde las decisiones más simples hasta los momentos más trascendentales que experimentes. Cuando te alineas con su voluntad, descubres que no hay desierto demasiado seco, batalla demasiado dura ni montaña demasiado alta que no puedas atravesar con su poder.

Es mi deseo, que a través de estas páginas, descubras que la clave para tener una vida victoriosa no radica en tus propias fuerzas, sino en tu disposición de someterte a los designios de Dios y que pongas en práctica todos los principios que aprendas. No permitas que este conocimiento se quede simplemente en tu mente, sino que lo lleves a tu corazón y a tu vida diaria. Sumérgete en la presencia de Dios, rinde tu voluntad a Él y déjate guiar por el Espíritu Santo. Cuando lo hagas, experimentarás una transformación que te llevará a cumplir el propósito que Dios tiene para ti.

El anhelo de mi corazón es que este libro despierte en ti una pasión genuina de conocer al Espíritu Santo de manera profunda e íntima, que te inspire a caminar en la plenitud de su poder, pero sobre todo que entiendas que Él es tu amigo y que estará siempre contigo, mientras tú se lo permitas. Que tu vida se convierta en un testimonio vivo de la grandeza de Dios y que tu caminar en el Espíritu Santo impacte a todos aquellos que te rodean.

"Que Dios te bendiga abundantemente en este viaje de crecimiento y transformación espiritual".

¿CÓMO CAMINAR EN EL PODER DEL ESPIRITU SANTO?

Es sumamente importante entender la magnitud de caminar en el poder del Espíritu Santo. Es importante entender que para cumplir el propósito de Dios en esta tierra debemos de caminar en el Espíritu Santo y en su poder, ya que solo a través de su poder podemos ser efectivos. Ninguna persona puede ser efectiva sin el poder de Dios en su vida.

Pablo dice: *"Si vivimos por el Espíritu, andemos también por el Espíritu"*. Gálatas 5:25. Solo una vida que vive en y por el Espíritu puede vencer los deseos de la carne. Por ejemplo, tenemos personas de la antigüedad que lo único que hicieron para lograr lo que lograron fue rendirse a la guía y a la dependencia del Espíritu Santo, y solo en el poder del Espíritu de Dios pudieron hacer grandes cosas. Los profetas profetizaban cuando el Espíritu Santo venía sobre ellos, los reyes ganaban batallas cuando el Espíritu de Dios iba con ellos, Sansón era fuerte cuando el Espíritu de Dios estaba sobre él. Es importante conocerlo como persona y caminar en el poder del Espíritu Santo. Tienes que entender que vas a necesitar el poder de Dios para poder lograr lo que con tu fuerza y con tu poder no puedes lograr. Incluso para tener una oración efectiva, tiene que ser por el Espíritu. *"Y de igual manera el Espíritu nos ayuda en nuestra debilidad; pues qué hemos de pedir como conviene, no lo sabemos, pero el Espíritu mismo intercede por nosotros con gemidos indecibles"*.

Romanos 8:26. Aún para que nuestra oración tenga respuesta debe de ser guiada por el Espíritu de Dios.

> [21]*Aconteció que cuando todo el pueblo se bautizaba, también Jesús fue bautizado; y orando, el cielo se abrió, [22]y descendió el Espíritu Santo sobre él en forma corporal, como paloma, y vino una voz del cielo que decía: Tú eres mi Hijo amado; en ti tengo complacencia. [23]Jesús mismo al comenzar su ministerio era como de treinta años".*

LUCAS 3:21-23.

Cuando tú lees este pasaje de Lucas, encuentras algunas claves que hicieron que Jesús caminara en una manifestación continua en el Espíritu Santo. Debes entender que el hijo de Dios, según Filipenses, se despojó de la forma de Dios para poder venir y morir en la cruz del Calvario. "[6]*El cual, siendo en forma de Dios, no estimó el ser igual a Dios como cosa a que aferrarse, [7]sino que se despojó a sí mismo, tomando forma de siervo, hecho semejante a los hombres; [8] y estando en la condición de hombre, se humilló a sí mismo, haciéndose obediente hasta la muerte, y muerte de cruz*". **Filipenses 2:6-8.** Todo lo que Cristo hizo en la tierra no lo hizo por su divinidad, lo hizo por su dependencia del Espíritu Santo, su colaboración, su sometimiento al Espíritu de Dios. Se humanizó y como humano tuvo que depender totalmente del Espíritu Santo de Dios. Y cómo entonces logra tener un éxito tan sorprendente, que por donde quiera que el Maestro pasaba, las personas cambiaban, los enfermos se sanaban, y podríamos decir, bueno, los enfermos se sanaban con Él porque era Jesús. Pero luego que Jesús se va al cielo, los enfermos se seguían sanando con Pedro, con Pablo, porque la misma persona o el mismo poder que estaba en Jesús estaba con Pablo, con Pedro y ahora está con nosotros la iglesia iglesia de Cristo.

Podemos observar que Jesús era de 30 años, esa era la edad donde los hijos judíos tenían que heredar las cosas, por ejemplo, fue la edad donde el profeta Ezequiel se hizo sacerdote, así que Él aprendió a esperar el tiempo y el momento exacto para comenzar su ministerio, esto es importante porque nos enseña que, para caminar en el poder de Dios, tenemos que esperar el tiempo de Dios.

En el pasaje de Lucas mencionado anteriormente, lo primero que podemos observar en la vida de Cristo es la oración, dice: *"Orando los cielos se abrieron"*, debes tener bien claro que todo lo que comienza sin oración en tu vida terminará como un fracaso. Lo segundo, vino el Espíritu Santo sobre Él, y el Espíritu es quien le da poder. Sin el Espíritu y sin el poder del Espíritu Santo, todos tus esfuerzos serán en vanos. No lo puedes hacer en tu fuerza, tienes que hacerlo en la fuerza de Dios. Lo tercero, la voz de Dios vino a la vida de Jesús y dijo: *"Tú eres mi hijo amado"*, hablándole directamente a Jesús. Todo lo que existe y todo lo que va a existir en tu vida es como consecuencia de la voz de Dios. Nada en este mundo visible o invisible, puede existir si Dios no lo llama. Él es el que hace que las cosas existan, que las cosas sean creadas, su Palabra es la sustancia que hace que todo se forme, así que la victoria que quieres, Dios es quien tiene que entregártela. Todo tiene que salir de la boca de Dios, sin la voz de Dios en tu vida no podrás ver nada. Necesitas escuchar a Dios para ver milagros, necesitas escuchar a Dios para tener vida, necesitas escuchar a Dios para que te reavive, cuando oyes la voz de Dios en tu interior se enciende un fuego. Necesitas oír la voz de Dios para caminar en el poder del Espíritu

Santo. Cuando oyes la voz de Dios, estás recibiendo autoridad, dirección y respaldo.

Lucas 4:1 dice: *"Jesús, lleno del Espíritu Santo, volvió del Jordán, y fue llevado por el Espíritu al desierto"*, Cristo es lleno del Espíritu Santo de Dios. No puedes caminar en el poder del Espíritu Santo si primero no estás lleno del Él, tienes que estar lleno de Dios para caminar en el poder de Dios. No puedes caminar en victoria si estás vacío de quien da la victoria, no puedes caminar en visión si estás vacío de quien da la visión, no puedes caminar en provisión si estás vacío de quien da la provisión, Dios es visión, Dios es provisión, Dios es victoria, Dios es milagros, entonces, nunca trates de hacer algo para Dios si primero no estás lleno de Él. Cuando tratas de hacer algo para Dios y no estás lleno de Él serás avergonzado. Fue lo que les pasó a aquellos jóvenes que trataron de echar fuera los demonios pero sin Dios, trataron de hacer la obra de Dios, con buenas intenciones, pero no estaban llenos de Dios, Mateo 17:14-16. Así que no trates de hacer algo para Dios si primero no estás lleno de Dios.

Solo una vida sometida al liderazgo del Espíritu Santo va a garantizar que camines en su poder. Jesús se dejó guiar y dirigir por el Espíritu Santo, se hizo dependiente de Él en todo lo que hacía. Tú vas a caminar en una manifestación segura cuando eres guiado por el Espíritu Santo y vendrá poder sobre ti como consecuencia a tu obediencia. Cuando yo obedezco al Espíritu Santo, entonces el Espíritu Santo me transfiere poder. El poder es consecuencia de obedecer y someterse al Espíritu Santo, esto significa caminar en la voluntad de Dios y, por lo tanto, caminar en la voluntad de Dios es caminar en el poder de Dios, cuando caminas en la voluntad de

Dios, caminas en el poder del Espíritu Santo. El Espíritu Santo está para respaldar a quien Dios ha enviado, el Espíritu Santo está listo para equipar a quien Dios ha escogido y ha enviado. Caminar en victoria y caminar lleno del gozo en el poder del Espíritu Santo es caminar en la voluntad de Dios. No importa el deseo que tengas, el don que te hayan otorgado, si no estás caminando en la voluntad de Dios, no vas a prosperar. Dios no va a hacer efectiva a una persona que no camina en obediencia hacia Él. ¿Cómo camino en el poder del Espíritu Santo? Aprendiendo a conocer la voluntad de Dios y a caminar en su voluntad. Solo el que camina en la voluntad de Dios tendrá garantizada la presencia de Dios en su vida y caminará en su poder.

CAPÍTULO I

CONOCIENDO LA VOLUNTAD DE DIOS

"No os conforméis a este siglo, sino transformaos por medio de la renovación de vuestro entendimiento, para que comprobéis cuál sea la buena voluntad de Dios, agradable y perfecta".

ROMANOS 12:2.

La presencia de Dios es consecuencia de la obediencia. ¿Qué significa obedecerle a Dios? Obedecer lo que dice la Escritura. Cuando tú obedeces a Dios, entonces Dios camina contigo.

Caminar en la voluntad de Dios es hacerlo en el poder del Espíritu Santo. Muchas personas no prosperan porque están caminando en su voluntad, se mueven donde quieren, se mudan para donde les parece, se mueven de iglesia, hacen lo que ellos quieren, y como no caminan en la voluntad de Dios, hoy están atrasados espiritualmente, carecen de visión, carecen de despertar y carecen de avivamiento.

¿Sabes por qué a Israel el sol nunca los quemó en el desierto? Porque siempre caminaban bajo la nube. La nube no andaba al ritmo de ellos, ellos caminaban al ritmo de la nube. Si la nube se detenía tres meses, tres meses ellos se detenían, nadie se iba delante de la nube. El problema de muchas personas es que quieren irse delante o se quieren quedar atrás. Hay que aprender a caminar bajo la nube, Israel siempre tenía un solo enfoque, moverse donde la nube se estaba moviendo. Caminar en el poder del Espíritu Santo es caminar bajo la presencia de Dios, bajo su voluntad.

"LA PRESENCIA DE DIOS ES CONSECUENCIA DE LA OBEDIENCIA."

Cuando Dios llama a Moisés, lo hace de la siguiente forma: *"Apacentando Moisés las ovejas de Jetro su suegro, sacerdote de Madián, llevó las ovejas a través del desierto, y llegó hasta Horeb, monte de Dios. 2 Y se le apareció el Ángel de Jehová en una llama de fuego en medio de una zarza; y él miró, y vio que la zarza ardía en fuego, y la zarza no se consumía"*. Éxodo 3:1-2. Cuando Dios llamó a Moisés, este nunca había visto el poder de Dios, era la primera vez que él veía un acto sobrenatural. Dios interviene en su vida rutinaria, normal, con un fuego que rompe toda su lógica, porque ni el fuego se apaga ni la zarza se consume. Moisés está viendo algo continuo, algo que no se para, algo que se sostiene a sí mismo, y Dios le está diciendo, *"Yo soy el Dios que me auto-sostengo y lo que inicio lo mantengo"*.

No puedes limitar a Dios ni jamás mirar tu recurso para creerle a Él. La zarza no termina de quemarse y está ardiendo, y Moisés dice: *"Iré yo ahora y veré esta grande visión, por qué causa la zarza no se quema"*, no porque hay fuego, no porque el fuego no se apaga y la zarza no se quema, aquí hay algo que no es normal, lo que está pasando aquí es sobrenatural.

"LA NUBE NO ANDABA AL RITMO DE ELLOS, ELLOS CAMINABAN AL RITMO DE LA NUBE."

Cuando Dios llamó Moisés, este nunca había visto el poder de Dios, nunca había caminado en el poder del Espíritu Santo, nunca había experimentado lo sobrenatural, hasta el día que Dios se la aparece. Viene un día en tu vida donde tú vas a experimentar la obra del Espíritu Santo, un día donde vas a ver el poder de Dios como jamás lo has observado y toda incertidumbre será removida de tu corazón, viene un día donde tú vas a soñar y vas a tener visiones espirituales, un día donde vas a entender que Dios te va a usar para hacer a alguien libre de la opresión, un día donde tú vas a experimentar como Moisés, ese impacto de Dios, pero para que todo eso pase tienes que obedecer a su voz cuando Él te llame. Tú no puedes caminar en el poder del Espíritu Santo si primero no vienes a Él. El primer llamado de Dios para Moisés es *"ven"*, el primer llamado de Jesús para los apóstoles es *"vengan"*, el llamado que le hizo a Samuel es *"acércate"*. ¿Por qué Dios tiene que decirte ven para luego enviarte? Porque el que se acerca a Dios se llenará de Dios y verá las cosas como Él las ve y tendrá una expectativa diferente. Dios dice: *"Ven a mí y luego serás enviado por mí"*.

"Ven, por tanto, ahora, y te enviaré a Faraón, para que saques de Egipto a mi pueblo, los hijos de Israel". Éxodo 3:10. Sólo el que se acerca a Él puede ser enviado por Él. No puedes esperar ser dirigido por Dios y estar alejado de Dios. Tienes que acercarte, comenzar a tener esa vida de oración, de pasar tiempo leyendo su Palabra. Cuando lo hagas, vas a ver cosas que no veías, a escuchar cosas que antes no escuchabas, comenzarás a ser sensible y a hablar un lenguaje que antes no lo hablabas. Él dice: "Ven, porque de lejos no puedes ver como yo veo y cuando te acercas vas a ver que en ti hay un propósito más grande que tu problema, más grande que tu circunstancia.

Repito, no puedes caminar en el poder del Espíritu Santo si primero no vienes al Espíritu Santo. Cuando eres llamado a estar con Él, interrumpes tus conversaciones, cuelgas el teléfono, apagas la televisión, no importa que estés hablando con alguien más, si Él te llama lo sueltas todo. Tu pasión no solo debe ser caminar en el poder del Espíritu Santo, tu pasión debe ser estar con Él y automáticamente estando con Él, caminarás en su poder. Así que el primer llamado de nuestras vidas es estar con Él. Aparta tiempo en la madrugada, en el día, en la noche, lee la escritura, invierte tiempo con Él y entonces serás usado y enviado por Él. Yo nunca comencé a escuchar a Dios hasta que no me interesé en escucharlo, nunca comencé a tener visiones hasta que no comencé a buscar al que da las visiones, nunca fui usado ni enviado hasta que no decidí pasar tiempo con Él.

La historia de la vara convertida en serpiente fue una señal de Dios para levantar la fe de Moisés, recuerden que Moisés tenía una frustración, que había intentado liberar al pueblo y falló. Y ahora cuando Dios le dice que lo haga, él dice, bueno, 40 años atrás yo lo intenté y fallé, búscate a otro, porque yo con mi fuerza no lo logré. ¿Qué ha cambiado? Y Dios dice: *"Lo que ha cambiado es que ahora yo voy contigo"*. Dios hizo que Moisés entrara en contacto con lo sobrenatural, y de esa manera lo hará contigo si estás dispuesto a creer en su voluntad y el propósito que Él tiene para tu vida. Viene el día en que tú entrarás en contacto con lo sobrenatural y podrás hablar con fe y con certeza de lo que Él en su inmenso poder te ha permitido vivir.

"TÚ NO PUEDES CAMINAR EN EL PODER DEL ESPÍRITU SANTO SI PRIMERO NO VIENES A ÉL."

Ahora bien, ¿cuál fue el secreto que permitió a Moisés operar en el poder del Espíritu Santo? Moisés no se auto-envió, a él lo enviaron, Moisés caminó en la soberanía revelada, que es la voluntad de Dios. Amados, el caminar en el poder de Dios para Moisés fue el caminar en la voluntad de Dios. Dios le habla, lo envía y él se va, así que el secreto de los milagros en Egipto, es un hombre obedeciendo a la voluntad de Dios. Habrán momentos que el secreto será una oración o un ayuno, pero al final, todo es la voluntad de Dios. Así que caminar en la voluntad de Dios es caminar en su poder. El secreto del poder de Dios en Moisés fue que él conocía y caminaba en la voluntad de Dios.

Debes conocer la voluntad de Dios incluso antes de orar por algún deseo propio. Me explico, si te pasas la noche entera orando por algo que no es la voluntad de Dios, tu oración no afecta en nada, entonces, antes de pasar cinco horas orando, pasa cuatro horas y media buscando conocer su voluntad y luego dura media hora orando por lo que la voluntad de Dios te revele. Cuando tú te llenas del conocimiento de lo que Dios quiere que tú hagas, entonces tu oración es de fe, porque tú estás segura y seguro que eso es lo que Dios quiere, así que si quieres tener oraciones efectivas, primero conoce la voluntad de Dios antes de orar.

¿Cómo conoces la voluntad de Dios? De dos formas, leyendo la Palabra de Dios todos los días y teniendo comunión con el Espíritu Santo, quien es el que revela los secretos y misterios de Dios para cada uno de nosotros. Hay personas que se pasan toda la vida orando por algo y nunca sucede, porque están orando por lo que desean, no por la voluntad de Dios, y Él te llamó primero a conocer su voluntad.

¿Qué sucedió cuando el pueblo de Israel tenía hambre? Dios les dio pan. ¿Por qué? Porque ellos estaban caminando por el desierto, porque así le dijo Dios. El Jordán se abrió. ¿Por qué? Porque Dios los quería de aquel lado, no era que Dios quería hacer una demostración del poder de la gravedad, simplemente que se cumpliera su voluntad. Cuando tú estás en el camino de la voluntad de Dios ni siquiera te preocupes por Jordán ni por desierto, ni por maná, ni qué vas a comer, porque la voluntad de Dios es la que te tiene allí y Él te sustentará. Por eso tienes que pasar más tiempo esperando al Espíritu Santo en comunión para que Él te revele, y cuando ya Él te revela, caminas sobre esa voluntad revelada y entonces tendrás la victoria garantizada.

"SI QUIERES TENER ORACIONES EFECTIVAS, PRIMERO CONOCE LA VOLUNTAD DE DIOS ANTES DE ORAR."

Caminar en su voluntad no te va a excluir de los problemas, de las luchas, de las batallas, de lo desafíos, del desánimo, de la gente que critica, de la gente que va a hacer cosas contra ti. Lo que Dios te promete es que Él estará contigo. La Palabra dice: *"Cuando pases por las aguas, yo estaré contigo; y si por los ríos, no te anegarán. Cuando pases por el fuego, no te quemarás, ni la llama arderá en ti"*. Isaías 43:2. Dios aquí no te dice que te librará de pasar por el fuego o por las aguas, te dice que Él estará contigo.

LA VISIÓN DEL VARÓN MACEDONIO.

"⁶Y atravesando Frigia y la provincia de Galacia, les fue prohibido por el Espíritu Santo hablar la Palabra en

Asia; ⁷y cuando llegaron a Misia, intentaron ir a Bitinia, pero el Espíritu no se lo permitió. ⁸Y pasando junto a Misia, descendieron a Troas. ⁹Y se le mostró a Pablo una visión de noche: un varón macedonio estaba en pie, rogándole y diciendo: Pasa a Macedonia y ayúdanos. ¹⁰Cuando vio la visión, en seguida procuramos partir para Macedonia, dando por cierto que Dios nos llamaba para que les anunciásemos el evangelio".

HECHOS 16:6-10.

En este pasaje, Pablo conoce que la voluntad de Dios es que no prediquen en Asia, así que Pablo podía batallar mentalmente con lo que dijo Jesús: *"Id por todo el mundo y predicad el evangelio a toda criatura"*. **Marcos 16:15.** Pablo podía hacer la interrogante del por qué el Espíritu Santo le decía que no, pero prefirió elegir obedecer, porque el mismo que le dijo que fuera a predicar por todo el mundo el evangelio, también le dijo: *"Pero cuando venga el Espíritu de verdad, él os guiará a toda la verdad; porque no hablará por su propia cuenta, sino que hablará todo lo que oyere, y os hará saber las cosas que habrán de venir"*. Juan 16:13. Aquí estamos viendo a Pablo caminando conforme a la voluntad de Dios, y ahí está el secreto del poder, caminar en obediencia al Espíritu Santo, caminar en su voluntad es caminar en su poder.

Para escuchar la voz de Dios y poder caminar en su poder, necesitamos buscarlo activa y continuamente, esa es la única manera de conocer su voluntad y discernir lo que Él desea.

En una ocasión me tocó predicar, por misericordia de Dios, en España, en la región de San Sebastián. Un día antes de la actividad, estaba en la habitación del hotel donde me hospedaba y me acosté a descansar un poco, en el espíritu salí y vi mi cuerpo y el Espíritu Santo me llevó al océano suspendido en el aire y vi un ser extraño, era como un príncipe de los demonios de esa región, no tenía cachos, no tenía cola, el Espíritu Santo solo me mostró el príncipe que gobernaba esa región, cuando yo vi eso, que Dios me trajo al cuerpo otra vez, yo tomé el teléfono y llamé a la persona que organizó el evento y le dije: *"Sácame de aquí ahora"*, porque sentí pánico, nunca había sentido pánico con seres extraños, porque Dios me ha mostrado muchas cosas y nunca había sentido temor, pero en ese momento me preguntaba ¿Qué es esto? Entonces el poder de Dios vino sobre mi dándome la orden de que me quedara y cumpliese con Su voluntad y volví a tomar el teléfono, hice la llamada y le dije a la persona: *"Me voy a quedar"*. Déjeme decirle amado hermano que fue una de las campañas más gloriosas que vivimos, los enfermos fueron sanos, los demonios salían y las personas eran liberadas, una vez más obedecí la voz del Espíritu Santo, entendí que su voluntad era que me quedara, me quedé y caminé en su autoridad y poder, ocurrieron milagros, sanidades y liberaciones.

"CAMINAR EN OBEDIENCIA AL ESPÍRITU SANTO, CAMINAR EN SU VOLUNTAD, ES CAMINAR EN SU PODER."

Este es un momento para que recapacites o hagas memoria de las cosas que te has atrevido a decidir y a hacer en tu vida sin orarle a Dios, sin esperar su voluntad, estás a tiempo de cambiar y el mismo derecho y el mismo acceso que tengo yo a conocer la voluntad de Dios para mi vida, la tienes tú también para conocer la voluntad de Dios para tu vida. Desde hoy, todas las mañanas háblale a Dios, lee su Palabra. Cuando lees la Biblia, se desarrolla tu discernimiento para que puedas discernir entre el bien y el mal entre lo que es de Dios y lo que no es de Dios y lo que Él quiere para tu vida. Consulta al Espíritu Santo y espera, a veces te va a hablar de una vez, en otras ocasiones se va a tomar más tiempo, pero Él sabe que tú estás interesado en agradarlo. Cuando tú le dices: *"Señor, muéstrame tu voluntad porque quiero hacer lo que te agrada"*, ya es un acto que Dios lo mira con gracia y reconoce que tú estás interesado en agradarle y, de ese modo, Dios te hará conocer su voluntad y vas a caminar en sus caminos y vas a ver la bendición como nunca antes la has visto en tu vida, todo letargo va a ser removido y toda sequía va a ser quitada, todo tiempo de escasez económica va a terminar y vas a ver cómo tu matrimonio, tus hijos y las cosas a tu alrededor van a cambiar porque tú le vas a dar prioridad a la voluntad de Dios en tu vida y la voluntad de Dios es la que garantiza tu victoria.

CAPÍTULO II

CAMINAR EN HUMILDAD

"Si se humillare mi pueblo, sobre el cual mi nombre es invocado, y oraren, y buscaren mi rostro, y se convirtieren de sus malos caminos; entonces yo oiré desde los cielos, y perdonaré sus pecados, y sanaré su tierra".

2 CRÓNICAS 7:14.

Caminar en humildad es caminar en el poder del Espíritu Santo de Dios. Fíjate que la humildad antecede a la oración, a la búsqueda y al arrepentimiento, porque orar sin ser humilde, buscar a Dios sin ser humilde o convertirse aparentemente sin ser humilde, no será recibido por Dios. Caminar en humildad es un principio fundamental para poder vivir una vida llena del Espíritu Santo y caminar con Él. Cuando elegimos ser humildes decidimos renunciar al ego, al orgullo, a la altivez y a la autosuficiencia, ya que el Espíritu Santo, no camina con una persona que tenga estas características, la humildad abre las puertas para recibir su misericordia.

Ahora bien, en el tema de la humildad, existe un versículo muy contundente donde Jesús expresa el corazón que tiene, este se encuentra en el libro de **Mateo 11:29** que dice de la siguiente manera: *"Llevad mi yugo sobre vosotros, y aprended de mí, que soy manso y humilde de corazón; y hallaréis descanso para vuestras almas"*. Nota que Jesús no dice que Él es humilde de actitud, ni es humilde de carácter, Él es humilde de corazón, porque hay personas que pueden fingir una humildad y realmente no son humildes, la humildad de carácter o de personalidad no es humildad de corazón.

"CAMINAR EN HUMILDAD ES CAMINAR EN EL PODER DEL ESPÍRITU SANTO DE DIOS."

Jesús hizo grandes maravillas, resucitó muertos, multiplicó los panes, hizo pesca milagrosa, hizo cosas extraordinarias, y en ninguno de esos pasajes Él dijo: *"Aprendan de mí hacer milagros, aprendan de mí, a echar fuera demonios, Él dice: "Aprendan de mí a ser humildes de corazón, aprendan a ser humildes como yo soy humilde"*. Esto nos muestra realmente dónde reside la base del poder de Jesús, su humildad y su rendición a Dios. Una de las cosas maravillosas que puedes ver en Jesús es su compasión por los demás. En muchas ocasiones, en la Palabra vas a encontrar este verso: *"Y se compadeció de ellos y los sanó"*. Lamentablemente hoy en día podemos notar cómo en el evangelio hay carencia de amor y compasión por los demás, todo lo que se hace es pensando en la necesidad propia y no en beneficio de las almas. La humildad se trata de pensar menos en nosotros mismos y pensar más en Dios y su obra.

Si no tenemos compasión, debemos pedírsela al Señor, debemos ser honestos y sinceros. "Señor lléname de compasión por los perdidos, lléname de amor por lo que están padeciendo, dame pasión no solo por ti, sino por el que está sufriendo, por la mujer que está en la calle vendiendo su cuerpo, por los drogadictos, por los que duermen en las calles, por esas personas que no tienen una esperanza, no tienen un mañana, dame pasión para orar por ellos, para interceder y dame poder para liberarlos.

Qué interesante, *"Manso y humilde de corazón"*. Alguien dijo una vez: *"Si quieres conocer la grandeza de Dios, conoce primero la humildad de Dios"*. Sólo cuando puedes conocer lo humilde que es Dios, entonces sabrás lo grande que es. Él es el que inicia todas las cosas, por Él fueron hechas todas las cosas, en Él fueron hechas todas las cosas, para Él fueron hechas todas las cosas y por Él subsisten, se sostienen y sobreviven. El universo fue creado por Él, fue creado en Él y fue creado para Él. Todo la galaxia y todo lo existente, visible o invisible, fueron hechos en Él, por Él, para Él y se sostienen en Él. Es decir, que estamos hablando del ser más elevado, el ser más grande que existe, Él es la existencia, el más grande de todo y todos y Él dice: *"Yo soy manso y humilde de corazón"*. ¡Qué maravilla!.

Jesús revela la humildad de una forma extraordinaria, entrar en el vientre de María, nacer en un pesebre, siendo el Rey de los reyes, el Señor de todos los señores, ya desde ahí puedes notar lo humilde que era y que es nuestro Señor Jesucristo. A mí me encanta la humildad de Dios porque allí es que yo realmente puedo notar su grandeza. Sabes lo grande que es, que Dios descendiera y se sentara a hablar con Abraham, su amigo, esperara que Sara le cocine un buen banquete por más que no tenga necesidad de comer, demostrando a través de esto que le interesaba más tener comunión con Abraham que la comida, Comenzar nueva oración: Dios se sentó, comió con Abraham y estuvo con Abraham. El Dios que nosotros le servimos es sumamente inalcanzable, pero al mismo tiempo es flexible para todo el que lo quiera buscar. Él es tan grande que por nuestro mérito no pudiéramos llegar, pero su misericordia y su gracia han sido derramadas sobre nuestros corazones y lo que hoy somos y seremos es porque Él en su infinita misericordia se compadeció de cada uno de nosotros.

El ser más humilde de la tierra es Jesús, es importante entender que Dios no camina con personas altivas, la Palabra dice en **Salmos 138:6** *"Porque Jehová es excelso, y atiende al humilde, Mas al altivo mira de lejos"*. Lo que a Dios lo atraerá a tu vida es un corazón quebrantado y humillado delante de Él. Así que para poder caminar en el poder del Espíritu Santo, debemos de pedirle a Dios que quiebre nuestros corazones y que seamos humildes de corazón, no de personalidad, no de carácter, porque hay personas que te engañan con una falsa humildad, ponen una cara de *"yo no fui"* y si los ves realmente son literalmente *"dragones"*.

La humildad te hace elegible para caminar con el humilde. ¿Y quién es el humilde? Jesús. Él es la persona más humilde que ha pasado sobre esta tierra. Jesús fue quien dijo: *"Yo soy manso, yo soy humilde"*. Él no dijo: *"Soy poderoso, soy ungido, soy grande, soy Dios,* no, *Él dijo soy maso y humilde*". Si Él es humilde y reveló que era humilde, es porque Él quiere que sus seguidores sean humildes. Jesús fue rechazado, la Palabra dice en el libro de Lucas 9:52-56 *"⁵²Y envió mensajeros delante de él, los cuales fueron y entraron en una aldea de los samaritanos para hacerle preparativos. ⁵³Pero no lo recibieron, porque su intención era ir a Jerusalén. ⁵⁴Al ver esto, Jacobo y Juan, sus discípulos, le dijeron: —Señor, ¿quieres que mandemos que descienda fuego del cielo, como hizo Elías, y los consuma? ⁵⁵Entonces, volviéndose él, los reprendió diciendo: —Vosotros no sabéis de qué espíritu sois, ⁵⁶porque el Hijo del hombre no ha venido para perder las almas de los hombres, sino para salvarlas. Y se fueron a otra aldea"*. Él siendo Dios, el dueño de la aldea de la tierra y del universo, simplemente respetó sus decisiones y se fue, eso es ser humilde. Hoy en día a cualquier persona famosa de Latinoamérica que vaya a tu casa y que quiera beberse un café y le digas que no entre, se va a ofender. Hay personas que su grandeza es su tumba, porque no saben manejarla.

"LA HUMILDAD TE HACE ELEGIBLE PARA CAMINAR CON EL HUMILDE."

¿Qué harían muchos cristianos hoy en día si lo rechazaran? Armarían un escándalo. Por ejemplo, hay personas que arman escándalos en los eventos, *"Es que yo tengo que estar sentado adelante, porque yo soy fulano de tal"*, y si no lo hacen como ellos desean, se jactan de decir que a ese congreso o evento no vuelven más, porque dejan que su grandeza los defina, y no dejan que sea la humildad, la sencillez y el Espíritu Santo que los defina. La Palabra dice en el libro de Mateo 5:5 *"Bienaventurados los mansos, porque ellos recibirán la tierra por heredad"*.

Te imaginas eso, Dios mismo quiso posar en una aldea, pasar la noche, descansar, comer allí y ellos lo rechazan, pero Jesús no permitió que la ignorancia de quienes lo rechazaban, le hiciera perder la humildad, no permitió que ese rechazo le ofendiera o que su ego se levantara, y no estamos hablando de un millonario hermano, no, estamos hablando del ser que creó los cielos y la tierra, el que con su Palabra crea todas las cosas. Los reyes andaban en carruajes hermosos y Él entró en un burro. *"Alégrate mucho, hija de Sion; da voces de júbilo, hija de Jerusalén; he aquí tu rey vendrá a ti, justo y salvador, humilde, y cabalgando sobre un asno, sobre un pollino hijo de asna"*. **Zacarías 9:9.**

Que la ropa no defina quién eres, que un carro no defina tu grandeza, que lo que defina tu grandeza sea el reconocimiento de Dios en tu vida. El mundo ha enseñado que para que te respeten tienes que verte con los mejores zapatos, el mejor reloj, la mejor ropa y el mejor carro, para que la gente diga que tú eres alguien, y es increíble que esa teoría y mensaje diabólico haya entrado en la iglesia de Jesucristo en muchos lugares. Tienes que entender que caminar en el poder del Espíritu Santo no se trata solo de ayuno, de oración, sino de ser humilde.

¿QUÉ ES SER HUMILDE?

La humildad es una actitud del corazón, cuando una persona es humilde, reconoce que los talentos, dones y aptitudes pertenecen a Dios, alguien humilde tiene la total convicción de que su fortaleza viene de Dios.

La Biblia describe la humildad como mansedumbre, humillación y la ausencia de ego. Humildad es ausencia de orgullo y de prepotencia en tu corazón. La palabra en griego es traducida como *"humildad de mente"*, ser humilde es ser humilde en la mente también. Por eso Pablo nos exhorta lo siguiente: *"Por eso les pido que no se crean mejores de lo que realmente son. Más bien, véanse ustedes mismos según la capacidad que Dios les ha dado como seguidores de Cristo"*. **Romanos 12:3. (Versión TLA).**

Hay personas que hasta la unción se les ha adormecido, dejan de fluir porque tienen un alto concepto de sí mismos, más grande que el que deben tener, y se creen la estrella del momento, eso lo puedes encontrar en adoradores, predicadores, profetas, pastores, en apóstoles, etc. Cuando la persona es usada por Dios, si no cuida eso termina con la ausencia de Dios en su vida o con la ausencia de la manifestación de su presencia. La humildad comienza en pensamientos humildes y sencillos. Entonces vemos que la humildad es de corazón, no simplemente una conducta externa, la humildad comienza en una conducta interna, se trata de conozco y cómo me veo delante de Dios. Si yo me veo más grande que los demás, entonces hay ausencia de humildad y hay presencia de ego.

La Palabra dice en Santiago 4:10 *"Humillaos delante del Señor, y él os exaltará"*. Mi querido hermano, Dios no resiste para nada a los que tienen soberbia en su corazón, a esos que entienden que no lo necesitan en su vida y que todo lo que tienen es porque se lo merecen y punto, pero a aquellos que tienen un corazón humilde ante Dios, reconociendo que necesitan de Él para vivir cada día, a esos Dios los exalta.

Jesús nos dio el mejor ejemplo de todos, Él no utilizó su poder para imponerse a los demás, mucho menos para someter a las personas a la fuerza, todo lo contrario, Jesús sirvió a los demás, acercando el reino de Dios con una actitud totalmente humilde, estuvo dispuesto a morir por cada uno de nosotros en la cruz para abrirnos camino al Padre y darnos la salvación eterna, nosotros debemos ser más como Jesús, seamos humildes como Él. *"⁵La actitud de ustedes debe ser como la de Cristo Jesús, ⁶quien, siendo por naturaleza Dios, no consideró el ser igual a Dios como algo a qué aferrarse. ⁷Por el contrario, se rebajó voluntariamente, tomando la naturaleza de siervo y haciéndose semejante a los seres humanos. ⁸Y al manifestarse como hombre, se humilló a sí mismo y se hizo obediente hasta la muerte, ¡y muerte de cruz!"*. **Filipenses 2:5-8. (Versión NVI).**

LA HUMILDAD, RASGO DISTINTIVO DEL LIDERAZGO DE MOISÉS.

Quiero señalar a Moisés como un hombre que resalta la mansedumbre y la humildad, fue el hombre más usado en la tierra después de Cristo. La Biblia señala a Moisés como el hombre más manso y humilde de la tierra, podemos verlo en **Números 12:3** *"Y aquel varón Moisés era muy manso, más que todos los hombres que había sobre la tierra"*. Cuando la Biblia habla de Moisés, habla era fiel, era santo, pero sobresalta que era manso. En ningún verso de la Biblia llama a Moisés el hombre más poderoso o el hombre más ungido o el más sabio, no, le llama el hombre más manso de la tierra.

"LA HUMILDAD COMIENZA EN PENSAMIENTOS HUMILDES Y SENCILLOS."

Después que Moisés deja todo para servir a Dios y al pueblo, fue señalado y criticado. Moisés y el pueblo estaban caminando por el desierto y de pronto el pueblo se desanimó y comenzó a quejarse contra Dios y contra Moisés, a Dios no le gustó eso y envió un juicio y serpientes que mordían a los que criticaban y comenzaron a morir. ¿Sabes qué hizo el pueblo? Fueron donde Moisés y le dijeron, ¿por qué nos hiciste subir de la tierra de Egipto? Entonces el pueblo vino a Moisés, a quien habían criticado, lo habían menospreciado, habían murmurado contra él y le piden que, por favor, los perdone por haber pecado al hablar contra Jehová y contra él: "Ruega a Jehová que quite de nosotros estas serpientes. Y ¿sabes lo que hizo Moisés? ¿se enojó?, ¿se aireó? NO. Moisés oró, obedeció la voz del pueblo que lo había criticado y fue delante de Dios y le dijo, Padre, perdónalos, aunque ellos hablaron mal de ti y hablaron mal de mí, yo te ruego que tengas misericordia y retires las serpientes. ¿Sabes que hizo Dios?, escuchó la voz de Moisés, porque cuando el líder oye la voz del pueblo para orar a Dios, Dios oirá la voz del líder que está orando a Dios por causa del pueblo.

Me encanta ver que al pueblo se le nota un verdadero arrepentimiento, me gusta esa parte, porque hay personas que arrastran tu nombre, tratan de pisotearte, te humillan, te critican y luego dicen que le pidieron perdón a Dios, pero nunca a ti. Aquí dice que le pidieron perdón a Dios y le pidieron perdón a Moisés. No vale que digas que le pediste perdón a Dios cuando no le has pedido perdón a la persona que ofendiste, tienes que tener agallas, así como tuviste agallas para hablar mal de otro, ten agallas para decir, yo me equivoqué. Ten esa humildad y cuídate de no guardar ofensa en tu corazón. Hay personas que les hacen algún mal y le piden perdón, y en vez de perdonar se ponen a decir: *"¿Señor, ahora vienen a pedirme perdón, después que hicieron todo lo que hicieron contra mí tienen la cara para pedirme perdón?"* Eso no es una actitud de humildad.

El pueblo se humilló y vino donde Moisés y él ¿qué hizo?, aceptó la disculpa, aceptó el perdón que le habían hecho, y oró a Dios. Eso es humildad. Si Moisés hubiese sido un arrogante se sobre exalta y dice: *"Ustedes qué se creen, aquí el ungido soy yo, aquí el valeroso soy yo, aquí quien habla con Dios soy yo"*, pero no, él era un hombre humilde y dijo: *"Yo soy un siervo de Dios y un siervo de ustedes"*. Eso es humildad, después de Jesús él es el líder más grande de todos.

Hay personas que si tuvieran ese poder que Moisés tenía, orarían para que Dios se los lleve a todos porque su corazón es vengativo. Cuando una persona carece de humildad es vengativa. Si no aprendes a liberarte de las ofensas que han hecho contra ti, tú estarás en una cárcel espiritual, nunca tendrás libertad para adorar a Dios y contactarte con la presencia del Espíritu Santo, nunca, nunca, nunca. Puedes ir al hombre más ungido y te puede derramar aceite recién bajado del cielo y tú no va a recibir la unción.

En una ocasión escuché un testimonio de Yiye Ávila en el cual él habla de un hermano que fue ofendido por otro, y su expresión fue: *"Yo nunca voy a hablar con él"*, entonces Yiye le respondió: *"Pero tú estás mal"*, porque si tú sabes que él está mal, eres tú el que debe tomar la acción y ponerte en contacto con él y ayudarlo, ¿o qué quieres?, ¿que se lo lleve el diablo? Y lamentablemente, es precisamente lo que muchos cristianos en su corazón desean.

LA HUMILDAD, ACCESO DIRECTO A LA PRESENCIA DE DIOS.

"¹Jehová dijo así: El cielo es mi trono, y la tierra estrado de mis pies; ¿dónde está la casa que me habréis de edificar, y dónde el lugar de mi reposo? ²Mi mano hizo todas estas cosas, y así todas estas cosas fueron, dice Jehová; pero miraré a aquel que es pobre y humilde de espíritu, y que tiembla a mi palabra".

ISAÍAS 66: 1-2.

Mi relación es con los humildes dice el Señor. *"Yo edifiqué los cielos y la tierra, pero yo quiero estar con los humildes de corazón"*. Los humildes tienen acceso directo a la presencia de Dios, el humilde camina con Dios, el humilde cae y Jehová lo levanta. Si perdemos la humildad, perderemos el acceso directo a su presencia.

La Palabra dice: *"Porque así dijo el Alto y Sublime, el que habita la eternidad, y cuyo nombre es el Santo: Yo habito en la altura y la santidad, y con el quebrantado y humilde de espíritu, para hacer vivir el espíritu de los humildes, y para vivificar el corazón de los quebrantados"*. **Isaías 57:15.** Las personas humildes conocen la autoridad y majestad de Dios, reconocen que sin Él no son nada y que dependen totalmente de su misericordia y poder. La humildad es la llave que abre la puerta a la intimidad con Dios y nos permite recibir su gracia y favor.

Otro punto muy importante que te da acceso a Dios es la oración, un corazón humilde, es un corazón que ora y que reconoce que solo en Él encuentra respuestas. Jesús nos muestra en el libro de **Lucas 18: 13-14** *"[13]Mas el publicano, estando lejos, no quería ni aun alzar los ojos al cielo, sino que se golpeaba el pecho, diciendo: Dios, sé propicio a mí, pecador. [14]Os digo que este descendió a su casa justificado antes que el otro; porque cualquiera que se enaltece, será humillado; y el que se humilla será enaltecido"*, dándonos a entender que el publicano al reconocer su pecado y orar con humildad fue justificado ante Dios.

Quiero que prestes atención, la oración por sí sola no es la que mueve el corazón de Dios, lo que mueve a Dios es el corazón de quien ora, porque si te diriges a Dios enaltecido y con orgullo Él no prestará su oído para escucharte, sin embargo, cuando te acercas a Él con un corazón quebrantado y humilde Él se inclina a ti y te escucha, porque Jehová escudriña los corazones, y Él sabe cuándo oras con un corazón humilde o con un corazón altivo, porque Él sabe cuándo lo honran solo de labios pero su corazón está lejos de Él. *"Este pueblo de labios me honra; Mas su corazón está lejos de mí"*. **Mateo 15:8.**

Dios quiere que los que le busquen, sea con todo su corazón. Cuando eres humilde entran muchos beneficios espirituales y la Palabra respalda estos beneficios:

- *"Pero él da mayor gracia. Por esto dice: Dios resiste a los soberbios, y da gracia a los humildes"*. Santiago 4:6.
- *"Encaminará a los humildes por el juicio, Y enseñará a los mansos su carrera"*. **Salmos 25:9.**
- *"Porque Jehová tiene contentamiento en su pueblo; Hermoseará a los humildes con la salvación"*. Salmos 149: 4.
- *"Cuando viene la soberbia, viene también la deshonra; Mas con los humildes está la sabiduría"*. Proverbios 11:2.
- *"Así que, cualquiera que se humille como este niño, ese es el mayor en el reino de los cielos"*. **Mateo 18:4.**

Cuando te humillas, tienes acceso directo ante el trono de Dios, accedes a su presencia sin barreras, entonces Él habita en tu corazón y te llena de su Espíritu, depositando en ti los beneficios de su gracia, mostrándote el camino por el que debes andar, llenándote de sabiduría y heredando el reino de los cielos.

¿CÓMO CREAR UN CORAZÓN HUMILDE?

Lo primero que debes saber es, que para ser humilde necesitas reconocer que dependes totalmente de Dios, que todas las cosas las haces por Él y para Él, reconocer que sin Él es imposible hacer nada. *"Porque separados de mí nada podéis hacer"*. **Juan 15:5.** Otro punto muy importante es la obediencia, cuando tienes un corazón obediente a Dios y te sometes a sus planes aunque no los entiendas, eso creará en ti la hermosa cualidad de la humildad, porque lo amas a Él por encima de todo y por ende obedecerás a su Palabra. *"El que me ama, mi palabra guardará"*. **Juan 14:23.**

La humildad para mí es un imán que atrae la presencia del Espíritu Santo, Dios es muy humilde, y para tú crear ese corazón que le agrade a Dios, te compartiré algunos puntos que te ayudarán a crear un corazón humilde delante de Él o mantenerlo si ya lo tienes.

I. NO HABLES TANTO DE TI MISMO.

¿Quieres ser humilde? Deja de hablar tanto de ti. Las personas ungidas casi no hablan, miden sus palabras. Una cosa es testificar lo que Dios hizo en ti para darle honor y gloria a Él, y otra cosa es testificar para que te honren, o para que te traten como alguien más especial que los demás, son dos cosas totalmente diferentes. La Palabra señala que al hablar debes hacerlo con prudencia y que hablar demasiado es pecado. *"En las muchas palabras no falta pecado; Mas el que refrena sus labios es prudente"*. Proverbios 10:19.

Tú notas el corazón de las personas cuando testifican, tú sabes cuándo están buscando exaltar a Dios y llenar de fé a los demás, pero sabes cuándo se están exaltando a ellos mismos, eso no ayuda a fluir en la unción del Espíritu Santo. Entonces, si quieres ser humilde, comienza dejando de hablar tanto de ti mismo, el libro de **Proverbios 27:2**, lo señala muy claro: *"No te jactes de ti mismo, que sean otros los que te alaben"*. (Versión NVI). El jactarse es algo muy molesto ante Dios, porque la persona que se jacta de sí mismo es altivo y como ya lo hemos mencionado antes, Dios no tolera un corazón lleno de altivez, lo mira de lejos. Cuando en una reunión el que más habla de ti mismo eres tú, cuando quieres resaltar tu personalidad, hablar de tus virtudes, que todos sepan lo que tú tienes, etc., déjame decirte que lamentablemente tú eres todo menos humilde. No tienes necesidad de estar pregonando lo que eres o lo que tienes, eso se llama arrogancia. No es que no seas grande, quiero que me entiendas, es que tú no te engrandezcas y permitas que, teniendo un corazón humilde, Dios lo haga por ti. *"Humillaos, pues, bajo la poderosa mano de Dios, para que él os exalte cuando fuere tiempo"*. **1 Pedro 5:6.** La exaltación no es un problema cuando Dios es quien te la da.

2. EVITA PONERTE A LA DEFENSIVA.

Cuando respondes por las cosas que te hacen, o te acusan y te pones a la defensiva, esto puedo dominarte, es mejor ser sabios y prudentes, y si no es necesario responder, hacer silencio es la mejor opción. Una de las cosas que me encantan de Jesús es que era tan humilde que en muchas ocasiones lo acusaron, le dijeron palabras ofensivas y Él en ningún momento abrió su boca para defenderse de todas las acusaciones que le hacían.

Cuando Jesús fue juzgado por el Sanedrín que fue enviado al gobernador poncio Pilato, al este enterarse que era galileo, entendió que el caso le correspondía a Herodes Antipas, y frente a las preguntas y acusaciones de Herodes, Jesús no se defendió, Jesús no se puso a la defensiva, no abrió su boca. *"⁸Herodes, viendo a Jesús, se alegró mucho, porque hacía tiempo que deseaba verle; porque había oído muchas cosas acerca de él, y esperaba verle hacer alguna señal. ⁹Y le hacía muchas preguntas, pero él nada le respondió"*. **Lucas 23: 8-9**. Cuando tú sabes quién eres en Dios y lo que portas, no hay necesidad de que abras tu boca, porque Dios lo hará por ti.

No ponerte a la defensiva ante lo que digan de ti, refleja una total humildad y absoluta confianza en el plan que Dios tiene para tu vida, no es que te dejes maltratar, es que Jesús nos enseña que no es necesario responder a cada acusación que te hagan en la vida. Jesús no se dejó arrastrar ante un juicio humano y mira que tenía y tiene el poder para hacerlo y no lo hizo, entonces, ¿quiénes somos tú y yo para hacer lo contrario a Él? Deja cualquier batalla en manos de Dios cuando enfrentes este tipo de situaciones, Dios se encargará de exaltarte en su debido tiempo.

3. NO CORRIJAS A OTROS A MENOS QUE NO SEA NECESARIO.

Muchas personas están tentadas a corregir cuando tienen la verdad de su parte y quieren ser jueces en todo, no con esto estoy diciendo que no puedes corregir, sino, que disciernas cuando es realmente necesario hacerlo y con qué intención quieres corregir. La palabra de Dios nos enseña que cuando hagamos corrección, lo hagamos con sabiduría, amor y prudencia, verificando si es el momento y lugar adecuado para hacerlo. *"Es muy grato dar la respuesta adecuada y, cuando es oportuna, aún es más grato"*. **Proverbios 15:23.** (Versión NVI). La corrección es un acto de humildad y amor pero solo cuando es necesaria y lo haces con la intención de que esa persona crezca.

4. DEJA QUE OTROS VAYAN DELANTE.

A veces entendemos que debemos estar o ser los primeros, porque según nosotros, nos lo merecemos. Si alguien quiere tomar tu puesto, déjalo, porque eso no va a definir tu bendición, tu bendición ya está definida por el Rey de reyes y Señor de señores, deja que Dios siga trabajando contigo y formándote y nunca discutas por una posición.

"PARA SER HUMILDE NECESITAS RECONOCER QUE DEPENDES TOTALMENTE DE DIOS."

Cuando yo voy a predicar en algunas actividades a las que me invitan, siempre me dejan de último, después que pasan todos los predicadores, que hacen de todo, que ministran, sacan demonios, el diablo ya se fe, me dicen: *"Pastor, ahora le toca a usted"* -Ja- solo pienso, *"Bueno, las personas ya deben estar cansadas"*, pero que va, Dios se manifiesta de una manera tan poderosa y la unción hace lo que tiene que hacer, porque ese era el momento que Dios tenía determinado para usarme.

David nunca discutió porque quería ser rey, él sabía que era rey, que Saúl lo rechazara era otra cosa, pero eso no definía si él era o no era rey. Él era rey porque Jehová así lo determinó. *"¹¹Entonces dijo Samuel a Isaí: ¿Son estos todos tus hijos? Y él respondió: Queda aún el menor, que apacienta las ovejas. Y dijo Samuel a Isaí: Envía por él, porque no nos sentaremos a la mesa hasta que él venga aquí. ¹²Envió, pues, por él, y le hizo entrar; y era rubio, hermoso de ojos, y de buen parecer. Entonces Jehová dijo: Levántate y úngelo, porque este es. ¹³Y Samuel tomó el cuerno del aceite, y lo ungió en medio de sus hermanos; y desde aquel día en adelante el Espíritu de Jehová vino sobre David"*. **1 Samuel 16:11-13.** En este pasaje hay algo muy interesante, Samuel va a la casa de Isaí para buscar cumplir con la asignación que le había dado Jehová y David ni siquiera estaba presente con sus hermanos, esto nos enseña, que cuando no estás afanado por una posición, si ya Dios determinó que es tu tiempo, donde quiera que te encuentres te llegará tu bendición, así que no te afanes, deja que otros se vayan delante, porque ya Dios tiene propósito contigo y Él sabe cuándo te corresponde cada cosa.

5. NO QUIERAS HUMILLAR A OTROS.

Tengo una anécdota de un abogado, que era muy elocuente, entonces cuando pasaban los hermanos a predicar, en ocasiones decían las palabras incorrectas y el abogado decía: *"Cuando a mí me toque predicar, les mostraré como deben hablar y expresar las palabras"*, bueno al varón lo discipularon, lo bautizaron y llegó el tiempo de darle la oportunidad para que predicara, él subió muy altivo al púlpito, pensando que con su léxico de abogado les iba a enseñar a los demás cómo se hablaba, pues cuando comenzó a hablar solo decía: *"Hermano, esto es grande, hermano, ¡ay!, esto sí es grande Dios mío"*. Duró media hora solo diciendo "esto sí es grande", hasta que vino una señora y le dijo:, *"bájate, -Mijo-, bájate, bájate"*, y él bajó humillado y pidiendo perdón *"si como bajaste, hubieras subido, la cosa hubiese sido diferente, le dijo. Mi querido hermano, si no hay revelación del Espíritu Santo, aunque seas el hombre más preparado de la tierra, no funcionará. Todos los días, dile a Dios que te quebrante y humíllate en su presencia, pídele que te enseñe a ser humilde. Nunca busques ser exaltado por los hombres, no busques reconocimiento de los hombres, sino de Dios. Jesús dijo: "[5]Antes, hacen todas sus obras para ser vistos por los hombres. Pues ensanchan sus filacterias, y extienden los flecos de sus mantos; [6]y aman los primeros asientos en las cenas, y las primeras sillas en las sinagogas, [7]y las salutaciones en las plazas, y que los hombres los llamen: Rabí, Rabí"*. Mateo 23:5-7.

Cuando pasas tiempo con Jesús, terminas siendo humilde. La humildad no es algo que se consigue por mérito, es algo que se logra por rendición. Ser humilde es el resultado de pasar tiempo en comunión con el Espíritu Santo. La humildad es un resultado de la presencia de Dios en tu vida, al contrario de la arrogancia, ser arrogante indica la presencia de Satanás en tu vida.

El primer arrogante de todo el universo fue el diablo. Uno de los pecados principales que existieron antes que la humanidad fuera, fue la arrogancia. Él dijo: *"Subiré, seré semejante al Altísimo"* Isaías 14:14, quiso un puesto que no le dieron, quiso ser Dios, cuando él era solo un querubín, se miró así mismo y se vio grande, dejó de adorar a Dios y quiso ser como Dios. Así es el arrogante, quiere independizarse de Dios, para hacerse dependiente de él mismo. Dios camina con los humildes y el diablo camina con los arrogantes.

"SI YA DIOS DETERMINÓ QUE ES TU TIEMPO, DONDE QUIERA QUE TE ENCUENTRES TE LLEGARÁ TU BENDICIÓN."

Les digo esto, guarden su corazón, caminen con humildad, mientras más Dios te levante, siéntete pequeño delante de Él, recuerda, Dios le da gracia a los humildes y ante todo cuida Su presencia, porque cuando cuidas la presencia de quien es humilde y manso de corazón, estarás capacitado para caminar sobre el poder manifestado del Espíritu Santo.

CAPITULO III

LA IMPORTANCIA DE TENER UNA VISIÓN

"Sin profecía el pueblo se desenfrena; Mas el que guarda la ley es bienaventurado".

PROVERBIOS 29: 18.

¿De dónde surge la visión? La visión viene por causa de un propósito que Dios desde la eternidad predestinó para cada uno de nosotros. Todos en el propósito fuimos predestinados por Dios. Estamos aquí para algo y por algo, estamos aquí para cumplir un propósito. Entonces el propósito genera en nosotros la visión.

La visión viene por causa de un propósito, pero si no tienes visión, tu vida perderá el sentido e invertirás tiempo en cosas que no son parte de tu propósito. En todo en lo que tú inviertas tus finanzas, tu tiempo, que no es parte de tu propósito, se convierte en un atraso espiritual y material para ti. Cuando tú eres exitoso es cuando caminas de acuerdo al propósito y a la visión de Dios.

Es importante que haya una visión, pero para tener visión tienes que encontrar tu propósito, y para encontrar tu propósito debes de tener una comunión con el Espíritu Santo, porque el Espíritu Santo es quien revela lo profundo de Dios, es quien da la visión y te revela el propósito. Tú no puedes alcanzar el conocimiento de lo que Dios tiene contigo a través de sistemas o métodos humanos, es a través del Espíritu Santo. Así que para conocer el propósito para ti, tienes que tener comunión con el que predestinó el propósito, con el que te conoce desde el vientre de tu madre.

"Mi embrión vieron tus ojos, y en tu libro estaban escritas todas aquellas cosas que fueron luego formadas, sin faltar una de ellas". **Salmos 139:16.** Dios le reveló a David su propósito. Entonces Dios es quien tiene que revelarte el propósito por el cual tú existes aquí y para eso tienes que sacar tiempo en oración, en ayuno, en búsqueda, hasta que Dios revele tu propósito en esta tierra, y una vez que el propósito es claro para ti, debes invertir toda tu energía y toda tu fuerza en aquello que Dios te dio como propósito, de esa forma, jamás serás detenido y jamás serás estancado.

LA VISIÓN TRAE PROVISIÓN.

Una vez que tengas el propósito de Dios claro, Él traerá la provisión para llevar a cabo esa visión que Él mismo generó en tu interior. La provisión no viene para visiones inventadas por nosotros, la provisión viene para proveer las visiones que Dios generó en nosotros.

Muchas personas están estancadas porque quieren prosperar donde Dios no los llamó a prosperar y quieren crecer donde Dios no los llamó a crecer.

"Y cuando piden, no reciben porque piden con malas intenciones, para satisfacer sus propias pasiones". **Santiago 4:3. (Versión NVI).**

Por ejemplo, ¿para qué quieres que Dios te dé dinero? ¿Cuál es el propósito? Si no hay un propósito entonces, ¿por qué pedirlo? ¿Para gastarlo en vuestros deleites? Cuando le pides a Dios que te dé provisión para algo, es porque quieres alcanzar algo. Es más importante la visión que la provisión. ¿Por qué? Porque la visión trae provisión pero la provisión no trae visión.

Toda provisión sin visión te estanca, te saca de la voluntad de Dios y te pones a invertir el dinero en lo que no es parte de la visión y el propósito. Cuando tienes provisión, economía y finanzas y no sabes qué hacer, a eso que tú llamas bendición económica puede terminar matando tu vida espiritual.

Cuando tienes la provisión sin visión ¿qué sucede? Usarás la provisión para tu deleite, y vas a creer que eres dueño del dinero que te dieron por causa de la visión.

Cuando Satanás fue creado, fue creado con piedras preciosas, él era bello, se cree que cuando se movía emitía un sonido de adoración. Él entendió que esa belleza era para él, entendió que las piedras preciosas eran para él. No entendió que su existencia tenía una visión. La visión de su existencia no era para que él se mirara a él, sino era para que mirara a aquel que lo había creado. La visión era que adorara al que vive por los siglos de los siglos, pero perdió la visión y comenzó a mirarse a sí mismo.

Cuando tienes provisión y no tienes una visión estás en un peligro mortal, porque caerás en un lazo de ambición donde sólo pensarás en ti y donde sólo invertirás en ti. Cuando tienes provisión y pierdes la visión usarás la provisión para cumplir con tus caprichos, entonces se estanca la obra de Dios, y Él deja de fluir porque a quien le entregó la provisión ahora perdió la visión. Tienes que vigilar y tener cuidado para que no termines usando la provisión de la visión que Dios te ha dado para tus deleites.

Dios es tan bueno que siempre que Dios te provee te da para la visión y te da para ti. El problema es que hay personas que toman lo de la visión y toman lo que Dios les da para ellos. Hay personas estancadas porque lo que Dios le proveyó para una visión, terminaron invirtiéndolo en una casa, en un vehículo u otra necesidad propia. Yo he escuchado a personas decir: *"Señor, si yo obtengo mucho dinero, te aseguro que voy a viajar a un país necesitado y voy a ayudar a los pobres"*. ¿De verdad? Pero si todas las semanas te sobran 40 dólares y no haces nada con ellos, ¿tú crees que Dios no lo sabe? o ¿tú crees que vas a engañar a Dios? La gente quiere administrar lo mucho pero no ha demostrado responsabilidad en lo poco. Entonces, lo poco no lo administran bien y tienen el sueño de que van a administrar bien lo mucho. No busques provisión si no tienes una visión, no busques tener mucho dinero si no sabes qué vas a hacer con él, porque la prosperidad no es el dinero, la prosperidad es el proceso que pasas para obtener el dinero. Cuando alguien ya fue procesado y fue enseñado, ya nada se le pierde, ya nada se le gasta fácil. En tu proceso aprenderás lecciones importantes que no sólo te llevarán a recibir, sino algo más importante que recibir, es mantener lo que Dios te da. Así que siempre anhela tener una visión antes de pedir la provisión. Entonces más importante que el dinero es la visión, más importante que la provisión es la visión, más importante que la casa o el vehículo es la visión, debes entender que Dios te suplirá todo en su momento, no te desesperes y enfócate en trabajar para la visión que Él puso en tu corazón.

Hay personas que tienen que vivir de milagro en milagro financiero, nunca salen del desierto, siempre están esperando el maná. El maná es por un tiempo pero hay un tiempo donde el Jordán se abre, donde hay que entrar a Canaán, donde hay que sembrar una semilla y esperar la cosecha, el problema de la gente es que se come la semilla y ahora quiere que milagrosamente salga la cosecha sin haber sembrado nada.

Cuando te mantienes mirando la visión te mantienes en provisión, te mantienes en unción, te mantienes respaldado y protegido por Dios, porque Dios está comprometido a proveer todo lo que tú necesitas para que se cumpla la visión de Él en tu vida y si te mantienes enfocado en lo que Dios determinó para ti, te mantendrás caminando en unción.

SEPÁRATE DE TODO LO QUE TE DESENFOQUE DE LA VISIÓN.

"¹Subió, pues, Abram de Egipto hacia el Neguev, él y su mujer, con todo lo que tenía, y con él Lot. ²Y Abram era riquísimo en ganado, en plata y en oro. ³Y volvió por sus

jornadas desde el Neguev hacia Bet-el, hasta el lugar donde había estado antes su tienda entre Bet el y Hai, ⁴al lugar del altar que había hecho allí antes; e invocó allí Abram el nombre de Jehová. ⁵También Lot, que andaba con Abram, tenía ovejas, vacas y tiendas. ⁶Y la tierra no era suficiente para que habitasen juntos, pues sus posesiones eran muchas, y no podían morar en un mismo lugar. ⁷Y hubo contienda entre los pastores del ganado de Abram y los pastores del ganado de Lot; y el cananeo y el ferezeo habitaban entonces en la tierra. ⁸Entonces Abram dijo a Lot: No haya ahora altercado entre nosotros dos, entre mis pastores y los tuyos, porque somos hermanos. ⁹¿No está toda la tierra delante de ti? Yo te ruego que te apartes de mí. Si fueres a la mano izquierda, yo iré a la derecha; y si tú a la derecha, yo iré a la izquierda".

GENESIS 13:1-9.

En nuestras vidas, hay momentos cruciales en los que Dios nos indica que tenemos que tomar decisiones, aunque sean difíciles pero necesarias para avanzar en el propósito que Él tiene para cada uno de nosotros.

Este pasaje es un claro ejemplo de que Abram tuvo que separarse de su sobrino Lot para no desenfocarse y poder caminar conforme a la visión que Dios le había dado. Dios había prometido bendecir a Abram y hacer de él una gran nación, pero esa promesa requería obediencia y confianza total. Aunque Lot era familia, sus intereses y decisiones no estaban alineados con la visión que Dios le había dado a Abram. Debemos entender que esta separación no fue un acto de desamor, sino de discernimiento y obediencia a Dios. Para poder avanzar en la visión de Dios, a veces debemos alejarnos de relaciones, hábitos o entornos que nos desenfocan. Estas separaciones pueden ser dolorosas, pero nos permiten escuchar con mayor claridad la voz de Dios y caminar en su propósito. Separarte de todo lo que te desenfoca para cumplir con la visión de Dios no es perder; es avanzar hacia lo que Dios ha preparado para ti.

Cumplir con la visión de Dios requiere que tengamos un enfoque claro y de tener la disposición de apartarnos de todo lo que nos distrae y nos desvía del cumplimiento de la misma. Abram se separó de Lot porque entendió que no podía avanzar en la promesa de Dios mientras cargaba con conflictos y distracciones. Del mismo modo, nuestras decisiones deben estar alineadas con el propósito de Dios, incluso si eso significa alejarnos de cosas o personas que no comparten esa visión.

CAPÍTULO IV

MANTENER EL ENFOQUE EN LA VISIÓN DE DIOS

Caminar en el poder del Espíritu Santo es mantener el enfoque en aquello que Dios habló. Mantener el enfoque en la Palabra de Dios te mantiene ungido, mantener el enfoque en la visión de Dios te mantiene bajo el respaldo de la manifestación del Espíritu Santo. El Espíritu Santo va a estar manifestándose siempre y cuando estés enfocado en la visión que Él te ha dado. El apóstol Pablo entendió esto, cuando él quiso ir a Asia, el Espíritu le dio una visión y le dijo que era Macedonia, así que él se enfocó en ir donde Dios le había dicho. La unción se manifestó donde él tenía la visión que era en Macedonia.

Es importante entender que cuando te desenfocas de la visión que Dios te ha dado se va drenar tu unción, tu energía y tu vida espiritual. Tener en claro la visión que el Señor nos da, nos traerá claridad en todo lo que debemos hacer para cumplir con su voluntad. Proverbios 4:24 dice: *"Pon la mirada en lo que tienes delante; fija la vista en lo que está frente a ti"*. (Versión NVI).

Una persona que se mantiene enfocada en la visión que Dios le ha dado es muy difícil que se desvíe, sino que mantiene su mirada enfocada en el propósito y la voluntad de Dios.

EL MEDIO QUE DIOS USA NO ES TU DESTINO.

Caminar en el poder del Espíritu Santo es enfocarse en el destino, no en los medios que Él está utilizando para llevarte al destino. Las bendiciones económicas, los logros, las bendiciones de prosperidad, son medios utilizados por Dios, no es un destino. El problema es cuando las personas hacen de la bendición de Dios su destino, es por eso que no aprenden que el dinero es un medio, no un destino, terminan perdiendo o dejando de disfrutar la vida y terminan perdiendo la unción. Si Dios te prospera y te da un negocio, eso es un medio, no es un destino. El destino es el propósito que Dios ha puesto en tu corazón.

Muchas personas hoy están estancadas porque han convertido el medio en destino. Y cuando tú conviertes el medio que Dios está usando para llevarte a tu destino, destino, en un momento te vas a estancar, y nunca vas a cumplir el propósito de Dios en tu vida.

"Y cuando pasaban los madianitas mercaderes, sacaron ellos a José de la cisterna, y le trajeron arriba, y le vendieron a los ismaelitas por veinte piezas de plata. Y llevaron a José a Egipto". Génesis 37:28.

José fue vendido a los ismaelitas y ellos los llevaron a Egipto. Así que el destino de José no era estar con los ismaelitas sino llegar a Egipto. Quiero que entiendas que Dios va a usar los medios para que llegues a tu destino.

Otro claro ejemplo se encuentra en **Lucas 5:3-11** *"³Y entrando en una de aquellas barcas, la cual era de Simón, le rogó que la apartase de tierra un poco; y sentándose, enseñaba desde la barca a la multitud. ⁴Cuando terminó de hablar, dijo a Simón: Boga mar adentro, y echad vuestras redes para pescar. ⁵Respondiendo Simón, le dijo: Maestro, toda la noche hemos estado trabajando, y nada hemos pescado; mas en tu palabra echaré la red. ⁶Y habiéndolo hecho, encerraron gran cantidad de peces, y su red se rompía. ⁷Entonces hicieron señas a los compañeros que estaban en la otra barca, para que viniesen a ayudarles; y vinieron, y llenaron ambas barcas, de tal manera que se hundían. ⁸Viendo esto Simón Pedro, cayó de rodillas ante Jesús, diciendo: Apártate de mí, Señor, porque soy hombre pecador. ⁹Porque por la pesca que habían hecho, el temor se había apoderado de él, y de todos los que estaban con él, ¹⁰y asimismo de Jacobo y Juan, hijos de Zebedeo, que eran compañeros de Simón. Pero Jesús dijo a Simón: No temas; desde ahora serás pescador de hombres. ¹¹Y cuando trajeron a tierra las barcas, dejándolo todo, le siguieron"*.

El apóstol Pedro entendió que la pesca milagrosa era lo que Dios estaba usando para captar su atención, pero que el tener muchos peces no era su destino, su destino era convertirse en pescador de hombres, ser el primer pastor de la historia, su destino era sanar enfermos, liberar a los cautivos a través de Jesús. Pedro entendió que la pesca era un milagro pero el que hace los milagros era su destino. El problema de muchos hoy en día es que se quedan con la pesca milagrosa creyendo que es su destino, entonces venden los peces, adquieren unos dólares pero ya no vuelven a ver milagros, porque se estancan en el medio y no en el destino.

Muchas personas están estancadas en los medios, en el sistema que Dios utilizó y están quedándose allí pensando que ese es su destino. Dios los prosperó, les dio dinero y ellos piensan que su destino es tener dinero. No, el dinero es un medio para que llegues a tu destino. Tu empresa creció, hiciste mucho dinero y ahora tú piensas que tu destino es tu empresa, tu empresa es un medio que Dios está usando para llevarte un destino más elevado y más grande. Cuando tú entiendas eso, entonces tu enfoque no está en el medio, sino en tu destino.

Para que puedas comprenderme, te explico con ejemplos: Hay personas que son ricas y las ves que no están interesadas en el dinero, porque hace mucho que el dinero lo ven como un medio. Por eso es que se les hace fácil invertir millones aunque pierdan, porque es simplemente un medio. Lo que los va a hacer felices no son los millones que producen sus logros, sino lo que lograron.

Cuando tienes 20 dólares y tienes hambre, vas y compras una comida y te la comes, no te comes el dinero, tú entiendes allí que el dinero te va a ayudar a comer, así que el dinero es el medio para llenar tu estómago. El dinero no es que llena tu estómago, es la comida, pero el dinero es el medio para comprar comida.

Pedro entendía que no podía quedarse con los peces, sino con el que le daba los peces. Que no podía quedarse con el milagro, sino con el que producía milagros. Así que él sabía que lo que Cristo había hecho era atraer su atención. Por eso es que Él le dice *"Sígueme y te haré pescador de hombres"*, porque lo que acabas de presenciar es solamente el medio que estoy usando para que sepas que soy Dios. Es un problema cuando miramos los medios como nuestro destino, literalmente nuestra vida se va a secar y nos vamos a desenfocar y a marchitar espiritualmente, porque estamos enfocados en el medio y no en el destino. Entonces es interesante que la Palabra dice que cuando trajeron a tierra la barca, la dejaron llena de peces y se fueron tras Él, porque nunca la pesca milagrosa fue para dejarlo en la pesca, la pesca milagrosa fue para dar el fin a una temporada y dar inicio a otra, y cuando tú entiendes esto, entonces te es fácil caminar en aquello que Dios trazó para ti, y no detenerte en la prosperidad ni la bendición económica, porque entiendes que es un medio, no es un destino. No te quedes en una temporada porque todo te está funcionando, cuando ya Dios te está llamando a otro estilo de vida. Hay muchos que tienen años como Pedro pescando, y cuando Dios les da un milagro de pesca milagrosa, dicen: *"Mañana vamos con más fuerzas a pescar"*. Dios no les dio la pesca milagrosa para que volvieran a pescar, Dios les dio la pesca milagrosa para que no volvieran a pescar. Hay bendiciones que Dios te la está dando, no para que sigas en lo que estás, sino para que entiendas que esa temporada terminó y que un nuevo tiempo para tu vida va a comenzar.

Caminar en el poder del Espíritu Santo es aprender a moverse en temporadas, porque cuando una temporada terminó y tú quieres seguir en ella, la unción no te respalda. Tienes que aprender a caminar bajo la nube. Si ella se detiene un mes, te detienes un mes, pero si ella avanza, avanza con ella. El problema es que quieren la unción de una temporada que ya terminó. Dios es un Dios de temporadas que cambian, y Él puede llevarte a hacer otras cosas nuevas.

APRENDE A CAMINAR BAJO COBERTURA.

2 Reyes 2:1-9 "*¹Aconteció que cuando quiso Jehová alzar a Elías en un torbellino al cielo, Elías venía con Eliseo de Gilgal. ²Y dijo Elías a Eliseo: Quédate ahora aquí, porque Jehová me ha enviado a Bet-el. Y Eliseo dijo: Vive Jehová, y vive tu alma, que no te dejaré. Descendieron, pues, a Bet-el. ³Y saliendo a Eliseo los hijos de los profetas que estaban en Bet-el, le dijeron: ¿Sabes que Jehová te quitará hoy a tu señor de sobre ti? Y él dijo: Sí, yo lo sé; callad. ⁴Y Elías le volvió a decir: Eliseo, quédate aquí ahora, porque Jehová me ha enviado a Jericó. Y él dijo: Vive Jehová, y vive tu alma, que no te dejaré. Vinieron, pues, a Jericó. ⁵Y se acercaron a Eliseo los hijos de los profetas que estaban en Jericó, y le dijeron: ¿Sabes que Jehová te quitará hoy a tu señor de sobre ti? Él respondió: Sí, yo lo sé; callad. ⁶Y Elías le dijo: Te ruego que te quedes aquí, porque Jehová me ha enviado al Jordán. Y él dijo: Vive Jehová, y vive tu alma, que no te dejaré. Fueron, pues, ambos. ⁷Y vinieron cincuenta varones de los hijos de los profetas, y se pararon delante a lo lejos; y ellos dos se pararon junto al Jordán. ⁸Tomando entonces Elías su manto, lo dobló, y golpeó las aguas, las cuales se apartaron a uno y a otro lado, y pasaron ambos por lo seco. ⁹Cuando habían pasado, Elías dijo a Eliseo: Pide lo que quieras que haga por ti, antes que yo sea quitado de ti. Y dijo Eliseo: Te ruego que una doble porción de tu espíritu sea sobre mí*".

Caminar en el poder del Espíritu Santo es aprender a caminar con aquella cobertura que Dios te ha puesto. Tienes que aprender a unirte a personas que tienen la visión que tú no tienes y que están alcanzando cosas que tú no alcanzas. Porque estando junto a ellos aprenderás cómo ellos alcanzaron lo que tú no has podido alcanzar. Estar con un ungido significa que el próximo ungido puedes ser tú, vas a aprender a orar como él ora, vas a aprender cosas que tú no sabes que él ya sabe.

La Palabra de Dios dice que en cada ciudad donde fue Elías y Eliseo aparecían los profetas, y le decían: *"¿Sabes que tu Señor será arrebatado?"*, o sea, que todos los profetas no eran inventores de profecías, sabían el lugar, la hora y el día en que se iba a arrebatar a Elías, y no solo ellos, Elías también sabía que ese día Dios se lo llevaba. Tenían tanto acceso a la presencia de Dios que sabían los movimientos futuros de Dios. La Palabra dice que cincuenta varones descendieron al Jordán y se pararon de lejos porque de antemano sabían que era el punto de partida. Dios le había revelado a ellos que en el Jordán se iban a llevar Elías y ellos fueron a ver al Jordán el cumplimiento de lo que Dios le había dicho.

Recibe esta palabra ahora; declaro sobre ti que pronto vas a tener un acceso ilimitado con la presencia de Dios, que de antemano vas a conocer cosas que no todos conocen en el nombre de Jesús. Eso lo hace el llamado y la relación que tengas con quien te llamó.

Ahora bien, hay algo que me llama mucho la atención y es que Elías lleva a Eliseo a cuatro lugares antes de pasarle la unción, cada uno de estos lugares tiene un significado y una revelación:

I. GILGAL.

Es el lugar donde la nube desapareció, es el lugar donde caminas por fe, donde ya no caminas por lo que ves sino por lo que crees. Nadie puede alcanzar la unción si sus actos no son por fe. Cada palabra que hablamos, cada cosa que hacemos debe de ser por fe. Sin fe es imposible agradar a Dios. Dios te va a llevar a un Gilgal, donde la nube se desaparece, donde las cosas visibles ya no están y ya no caminas por lo que ves sino por lo que crees. Gilgal es la primera atmósfera donde Dios te va a llevar, en este lugar vas a creer lo que Dios dijo que va a suceder aunque no haya historia de que haya sucedido.

Cuando Dios le habla a Noé para que construya el arca porque enviaría un diluvio, **Génesis 6:14-17**, a Noé le tocó creer lo que Dios dijo que iba a suceder y construir el arca. Cuando Dios le dice a Abraham que Sara su esposa daría a luz a un hijo siendo ella estéril y ambos ancianos, **Génesis 18:9-10**, a Abraham le tocó creer y esperar en Dios. Cuando Dios le habla a Moisés para que abra el mar Rojo con la vara, **Éxodo 14:16**, aunque no hubiese registro de que esto sucediera antes, a Moisés le tocó creer. La fe siempre estará ligada a la acción, cada uno de ellos, accionó creyendo que iba a suceder lo que Dios dijo, aunque sus ojos no lo estuvieran viendo el momento.

2. BET-EL.

"[24]Así se quedó Jacob solo; y luchó con él un varón hasta que rayaba el alba. [25]Y cuando el varón vio que no

podía con él, tocó en el sitio del encaje de su muslo, y se descoyuntó el muslo de Jacob mientras con él luchaba. [26]Y dijo: Déjame, porque raya el alba. Y Jacob le respondió: No te dejaré, si no me bendices. [27]Y el varón le dijo: ¿Cuál es tu nombre? Y él respondió: Jacob. [28]Y el varón le dijo: No se dirá más tu nombre Jacob, sino Israel;[a] porque has luchado con Dios y con los hombres, y has vencido".

GÉNESIS 32:24-28.

Es el lugar donde eres quebrado, cambiado y transformado, donde Dios quiebra la carne. Bet-el es donde Dios quebró a Jacob, porque la unción no puede ser confiada en personas que primero no han sido cambiadas. Bet-el es donde entras como Jacob y sales como Israel. Dios te va a llevar a un lugar donde Él se asegure que tu ego sea quebrado, donde Él se asegure que tus ambiciones se quiebren, donde Él se asegure de quebrar el viejo hombre y que salgas con evidencia de que fuiste transformado.

Bet-el es donde eres roto, donde Dios no te pasa un pañuelo suave, donde Dios rompe algo en ti, donde Dios ,al igual que Jacob, te quiebra un hueso y tú dices: *"Ah, pero yo pensaba que Dios me iba a tratar con amor y me trató con dolor"*, sí, es donde Dios te quiebra y te dice: *"La carne no puede caminar conmigo"*.

Todos en un momento en la vida vamos a pasar por Bet-el. Esto ocurre antes de ser ungido con la unción sobrenatural, hablo de una unción que sana, de una unción que multiplica aceite, de una unción que levanta muertos. Hay personas que desean esa unción, pero todavía anhelan los aplausos, quieren esa unción pero todavía anhelan los beneficios económicos y los reconocimientos, por eso hay poca unción en estos días, porque hay mucho interés en nosotros mismos. Todos tenemos que pasar por Bet-el, no hay atajo para la unción.

3. JERICÓ.

"¹Ahora, Jericó estaba cerrada, bien cerrada, a causa de los hijos de Israel; nadie entraba ni salía. ²Mas Jehová dijo a Josué: Mira, yo he entregado en tu mano a Jericó y a su rey, con sus varones de guerra. ³Rodearéis, pues, la ciudad todos los hombres de guerra, yendo alrededor de la ciudad una vez; y esto haréis durante seis días. ⁴Y siete sacerdotes llevarán siete bocinas de cuernos de carnero delante del arca; y al séptimo día daréis siete vueltas a la ciudad, y los sacerdotes tocarán las bocinas. ⁵Y cuando toquen prolongadamente el cuerno de carnero, así que oigáis el sonido de la bocina, todo el pueblo gritará a gran voz, y el muro de la ciudad caerá; entonces subirá el pueblo, cada uno derecho hacia adelante".

JOSUÉ 6:1-5

Jericó es el lugar donde obedeces y sigues las instrucciones aunque tú no entiendas. Ellos no entendían cómo se iba a caer la muralla, quizá no lo podían procesar. Lo que si sabían era que caminaban por instrucción divina y no por lo que estaban experimentando, sintiendo, oyendo, viendo o viviendo. En Jericó es donde rechazas tus propios sentimientos para poder caminar conforme a la voluntad de Dios. En Jericó no sigues tu lógica, tu teoría, tu mente, sino la voz de Dios.

En Jericó no se pide confirmación si caminas o no caminas, en Jericó se sigue la instrucción que previamente tu espíritu ya recibió.

En Jericó es donde te invitan a predicar y el Espíritu Santo te dice: *"Usted no va"*, y aunque no entiendas y te sientas mal porque tu deseo es ir, no te queda de otra que obedecer y seguir la instrucción que Él te da. Dios no tiene que explicártelo, Él no tiene que decirte cómo lo va a hacer, ese es un asunto suyo, nosotros no tenemos derecho a decirle a Dios cómo hacer las cosas, así que: *"No entiendo pero no me voy a mover, voy a obedecer"*.

Caminar en el poder del Espíritu Santo es caminar en obediencia a las instrucciones de Dios aunque no las entiendas ni las comprendas.

4. JORDÁN.

"⁹Elías dijo a Eliseo: Pide lo que quieras que haga por ti, antes que yo sea quitado de ti. Y dijo Eliseo: Te ruego que una doble porción de tu espíritu sea sobre mí. ¹⁰Él le dijo: Cosa difícil has pedido. Si me vieres cuando fuere quitado de ti, te será hecho así". 2 Reyes 2:9- 10.

El Jordán es donde ya estás listo para recibir la unción. En el Jordán las cosas cambian, te enseñan que viene un cambio de dimensión, tus ojos espirituales se abren y comienzas a tener una visión diferente y percibir cosas que nunca habías visto.

"¹Aconteció que cuando quiso Jehová alzar a Elías en un torbellino al cielo, Elías venía con Eliseo de Gilgal. ²Y dijo Elías a Eliseo: Quédate

ahora aquí, porque Jehová me ha enviado a Bet-el. Y Eliseo dijo: Vive Jehová, y vive tu alma, que no te dejaré. Descendieron, pues, a Bet-el. ³Y saliendo a Eliseo los hijos de los profetas que estaban en Bet-el, le dijeron: ¿Sabes que Jehová te quitará hoy a tu señor de sobre ti? Y él dijo: Sí, yo lo sé; callad. ⁴Y Elías le volvió a decir: Eliseo, quédate aquí ahora, porque Jehová me ha enviado a Jericó. Y él dijo: Vive Jehová, y vive tu alma, que no te dejaré. Vinieron, pues, a Jericó. ⁵Y se acercaron a Eliseo los hijos de los profetas que estaban en Jericó, y le dijeron: ¿Sabes que Jehová te quitará hoy a tu señor de sobre ti? Él respondió: Sí, yo lo sé; callad. ⁶Y Elías le dijo: Te ruego que te quedes aquí, porque Jehová me ha enviado al Jordán. Y él dijo: Vive Jehová, y vive tu alma, que no te dejaré. Fueron, pues, ambos. ⁷Y vinieron cincuenta varones de los hijos de los profetas, y se pararon delante a lo lejos; y ellos dos se pararon junto al Jordán. ⁸Tomando entonces Elías su manto, lo dobló, y golpeó las aguas, las cuales se apartaron a uno y a otro lado, y pasaron ambos por lo seco. ⁹Cuando habían pasado, Elías dijo a Eliseo: Pide lo que quieras que haga por ti, antes que yo sea quitado de ti. Y dijo Eliseo: Te ruego que una doble porción de tu espíritu sea sobre mí. ¹⁰Él le dijo: Cosa difícil has pedido. Si me vieres cuando fuere quitado de ti, te será hecho así; mas si no, no".

2 REYES 2:1-9.

Hay algo muy interesante que me atrae mucho la atención. En este pasaje podemos ver que viniendo de Gilgal Elías le dice a Eliseo, *"Quédate aquí, porque Jehová me ha enviado a Bet-el,* en Bet-el le dice: *"Quédate aquí, porque Jehová me ha enviado a Jericó",* en Jericó le dice: *"Te ruego que te quedes aquí, porque Jehová me ha enviado al Jordán",* a todas estas peticiones Eliseo le decía que no lo dejaría. Al ver Elías que no lo podía convencer, ya en el Jordán no le dice quédate aquí, le pregunta: ¿Dime qué quieres? Me encanta esto, porque cuando Dios ve que la prueba no te detiene, que la crítica no te detiene, que la crisis no te detiene, que la falta de dinero no te detiene, que los golpes no te detienen, Él dice: ¿Qué quieres que haga ahora? Dime, porque me convenciste. Tú que estás leyendo este libro, declara ahora que estás a punto de entrar a tu Jordán.

Yo necesito que entiendas que tú no puedes alcanzar aquello en lo que no eres persistente. Elías descubrió que el Eliseo era inquebrantable, que no se rendía. La unción es para personas que no se rinden, para personas que no se dejan quebrantar por las circunstancias y los procesos del momento. Si no aprendes a ser persistente, no lo lograrás.

La unción es para personas que los quiebran y dicen *"yo quiero unción"*, que los critican y dicen: *"Yo quiero unción"*, que se les fue la esposa o el esposo, y dicen: *"Yo quiero unción"*, que si el Hijo tiene alguna situación con las drogas dicen: *"Yo voy a seguir en la unción"*, ¿sabes por qué?, porque cuando llega la unción va a llegar la esposa o el esposo, el hijo va a cambiar, aunque caigas vas a levantarte, algo va a suceder con la unción. Porque la unción rompe los yugos. El Jordán se va a abrir, el manto va a caer, la unción va a venir, los milagros van a suceder porque donde está la unción ocurren cosas sobrenaturales.

ENFOQUE SIN DISTRACCIÓN

¿Qué fue lo último que le enseñó Elías a Eliseo para recibir el poder del Espíritu Santo?, que para tener la unción hay que tener enfoque. Elías le dijo: *"Si me vieres, te será hecho así"*. Si no te distraes, con procesos, con problemas, con tentaciones, con situaciones adversas que se presentan en la vida, entonces será hecho como deseas. La unción del Espíritu Santo es para personas que están enfocadas, no permitas que el diablo te distraiga.

Puede ser que en ocasiones nos sintamos turbados, pero a pesar de eso debemos mantenernos enfocados. Yo experimenté todo tipo de luchas y ataques en mi infancia y no tenía un maestro que me enseñara, fui rechazado, menospreciado por muchas personas, así que simplemente me abracé del Espíritu Santo. Créeme cuando te digo que si te mantienes enfocado en lo que quieres alcanzar no hay diablo que lo impida.

Me encanta la historia de la mujer cananea que se encuentra en el libro de **Mateo 15:22- 28**, "22Y he aquí una mujer cananea que había salido de aquella región clamaba, diciéndole: ¡Señor, Hijo de David, ten misericordia de mí! Mi hija es gravemente atormentada por un demonio. 23Pero Jesús no le respondió palabra. Entonces acercándose sus discípulos, le rogaron, diciendo: Despídela, pues da voces tras nosotros. 24Él respondiendo, dijo: No soy enviado sino a las ovejas perdidas de la casa de Israel. 25Entonces ella vino y se postró ante él, diciendo: ¡Señor, socórreme! 26Respondiendo él, dijo: No está bien tomar el pan de los hijos, y echarlo a los perrillos. 27Y ella dijo: Sí, Señor; pero aun los perrillos comen de las migajas que caen de la mesa de sus amos. 28Entonces respondiendo Jesús, dijo: Oh mujer, grande es tu fe; hágase contigo como quieres. Y su hija fue sanada desde aquella hora".

Esta mujer a pesar de que los discípulos le decían a Jesús que la despidiera porque daba voces tras ellos, eso no la distrajo de su enfoque, ella persistía, y seguía tras Jesús en busca de lo que ella deseaba. No obstante esto, Jesús le dice: *"No está bien tomar el pan de los hijos, y echarlo a los perrillos"* y esas palabras de Jesús tampoco la desenfocaron, ella estaba tan centrada en llevarse a casa el milagro que ni siquiera las palabras de quien le podía dar el milagro la detuvo, al contrario, ella le dijo que aún los perrillos comen de las migajas que caen de la mesa de sus amos, esta mujer llena de fe tuvo un enfoque sin distracción y como resultado obtuvo lo que anhelaba.

Yo siempre tengo que usar como ejemplo el baseball, porque ha sido una de las enseñanzas más fuertes que he tenido. Cuando comencé a jugar baseball tenía 14 años, y enfoqué toda mi energía y mi tiempo en alcanzar el nivel que quería en el ámbito natural, cómo dominar la pelota, cómo desarrollar habilidades por el enfoque, la dedicación, la persistencia, etc. Y en el ámbito espiritual también aprendí que donde mantienes tu enfoque, mantienes tu energía, y donde mantienes tu energía, allí tendrás los resultados que esperas.

CAPITULO V

MANIFESTACIÓN Y COMUNIÓN CON EL ESPÍRITU SANTO

Cuando el Espíritu Santo se manifiesta, Él lo hace en diferentes formas, podríamos citar varios ejemplos:

- Se manifestó sobre Sansón. El Espíritu Santo le dio fuerzas a Sansón, lo que permitió que este hiciera actos heroicos con una fuerza sobrehumana. *"⁵Y Sansón descendió a Timnat con su padre y con su madre, y llegó hasta los viñedos de Timnat; y he aquí, un león joven venía rugiendo hacia él. ⁶Y el Espíritu del SEÑOR vino sobre él con gran poder, y lo despedazó como se despedaza un cabrito".* **Jueces 14:5-6. (Versión LBLA).**

- Se manifestó sobre Elías. El Espíritu Santo hizo correr a Elías más que un caballo de un rey. *"Entonces el Señor le dio una fuerza extraordinaria a Elías, quien se sujetó el manto con el cinturón y corrió delante del carro de Acab todo el camino, hasta la entrada de Jezreel"*. **1 Reyes 18:46. (Versión NTV).**

- Se manifestó sobre Salomón. *"Da, pues, a tu siervo corazón entendido para juzgar a tu pueblo, y para discernir entre lo bueno y lo malo"*. **1 Reyes 3:9.** El rey Salomón pidió discernimiento y recibió una mente privilegiada y larga vida. Otra historia muy conocida por muchos, es donde el Espíritu Santo le da sabiduría a Salomón para poder tomar una decisión entre las dos mujeres que disputaban por un hijo.

"23El rey entonces dijo: Esta dice: Mi hijo es el que vive, y tu hijo es el muerto; y la otra dice: No, mas el tuyo es el muerto, y mi hijo es el que vive. 24Y dijo el rey: Traedme una espada. Y trajeron al rey una espada. 25En seguida el rey dijo: Partid por medio al niño vivo, y dad la mitad a la una, y la otra mitad a la otra. 26Entonces la mujer de quien era el hijo vivo, habló al rey (porque sus entrañas se le conmovieron por su hijo), y dijo: ¡Ah, señor mío! dad a esta el niño vivo, y no lo matéis. Mas la otra dijo: Ni a mí ni a ti; partidlo. 27Entonces el rey respondió y dijo: Dad a aquella el hijo vivo, y no lo matéis; ella es su madre. 28Y todo Israel oyó aquel juicio que había dado el rey; y temieron al rey, porque vieron que había en él sabiduría de Dios para juzgar".

1 REYES 3:23-28.

Existen interminables ejemplos sobre la manifestación del Espíritu Santo en la Palabra, se manifestaba en Ezequiel, en Samuel, en Isaías, con don de palabra de sabiduría, don de ciencia y profecía, en Jesús se manifestó con todos los dones.

Jesús dijo: *"Quédense en Jerusalén hasta que venga el Espíritu Santo y entonces tendrán poder"*. *"Ahora enviaré al Espíritu Santo, tal como prometió mi Padre; pero quédense aquí en la ciudad hasta que el Espíritu Santo venga y los llene con poder del cielo"*. **Lucas 24:49. (Versión NTV)**. Así que el responsable de manifestar el poder no es el Padre, no es el Hijo, es el Espíritu Santo. Él es la persona que tiene todo el poder para hacer todo tipo de señales, prodigios, milagros y creaciones.

El Espíritu Santo es el que hace que las cosas sean y que las cosas sucedan, el Espíritu Santo se manifiesta de forma maravillosa y poderosa. Podemos caminar son su unción y poder porque Él es quien nos lo permite, sin Él no podemos pretender hacer las cosas. Cuando eres elevado por Dios, tienes que tener mucho cuidado, cuidar de que no suba el ego a tu cabeza. Nadie aquí tuvo un nivel más alto que Lucifer, y Lucifer terminó comiendo tierra, arrastrándose como serpiente. ¿Por qué? Porque pensó que él tenía luz propia, nunca miró que él brillaba porque alguien lo hacía brillar.

Poder caminar en el poder del Espíritu Santo, solo le es dado a gente en quien Él confía, y Él se va a asegurar de que estemos realmente bien muertos a nosotros mismos para que pueda fluir en nosotros la manifestación de su poder.

LA GRACIA EL AMOR Y LA COMUNIÓN.

"La gracia del Señor Jesucristo, el amor de Dios, y la comunión del Espíritu Santo sean con todos vosotros".

2 CORINTIOS 13:14.

Algo importante que podemos notar en este versículo es que Pablo no dice la gracia que yo tengo con Jesucristo, sino dice la gracia del Señor Jesucristo. Gracia es, que Dios te permite tener algo que tú no mereces; *"La salvación"*, tú no te la ganas, Jesucristo por su gracia nos la da, por eso somos salvos, por su gracia. *"Nadie tiene mayor amor que este, que uno ponga su vida por sus amigos"*. Jesús puso su vida por nosotros y por gracia somos salvos, es un regalo, no la podemos obtener con obras, no la podemos comprar, Él es quien nos la regala.

Ahora bien, tenemos el amor de Dios que es el que nos trajo la gracia. *"Porque de tal manera amó Dios al mundo, que ha dado a su Hijo unigénito, para que todo aquel que en él cree, no se pierda, mas tenga vida eterna"*. **Juan 3:16.** Dios envió su gracia por amor a nosotros. El Padre decidió compartir su amor con cada uno de nosotros, antes que nosotros digamos amo a Dios, fue porque Él primero reveló su amor por medio de la gracia de Jesucristo. Entonces, Entonces, ¿quién imparte esta gracia?, el Espíritu Santo.

El apóstol Pablo dice: *"porque el amor de Dios ha sido derramado en nuestros corazónes por el Espíritu Santo que nos fue dado"*. **Romanos 5:5.** Así que la clave entre el Padre y el Hijo es el Espíritu Santo, porque Él es el que derrama el amor del Padre en nuestros corazones, Él es que nos ministra la gracia y nos revela el corazón de Dios. Él nos da la revelación de la voluntad y el propósito de Dios para nuestra existencia y nuestro propósito en la tierra. Él es que acomoda lo espiritual a lo espiritual, así que cuando Dios habla, para que podamos escuchar, el Espíritu Santo activa nuestro oído y nos espiritualiza para que podamos percibir lo espiritual, porque una persona en lo natural no percibe las cosas del Espíritu.

Quien nos convence de pecado, de justicia y de juicio, es el Espíritu Santo, quien derrama el amor del Padre en nosotros es el Espíritu Santo. Jesús dijo que quien nos da poder es el Espíritu Santo, es nuestra guía, nuestro maestro, el que nos dirige y el Padre que conoce la intención del Espíritu Santo, sabe por qué el Espíritu Santo intercede por nosotros, porque el Espíritu Santo no intercede por nuestros caprichos, ni por nuestros deseos, Él intercede conforme a la voluntad de Dios, ya que Él es parte del propósito que planificó el Padre para mi vida. Así que cuando el Espíritu Santo intercede, lo hace para que se cumpla lo que desde antes de la fundación del mundo, fue planificado y destinado para que tú y yo caminemos en Él.

La Palabra dice en Efesios 2:10 *"Porque somos hechura suya, creados en Cristo Jesús para buenas obras, las cuales Dios preparó de antemano para que anduviésemos en ellas"*. El Padre hizo los planes, pero el Espíritu Santo es el que nos los suministra y nos los hace entender. Por eso es que no puedes entender a Dios sin el Espíritu Santo, porque Él es que acomoda lo espiritual, a lo espiritual, Él es el que sabe a qué dimensión debe de llevarte para que entiendas lo divino de Dios y a qué nivel espiritual elevarte para que entiendas las cosas espirituales.

Es sumamente importante entender el significado y el valor de lo que es tener comunión con el Espíritu Santo de Dios. No se puede conocer al Espíritu Santo solo teológicamente, la teología es el primer nivel, lo conoces a través de la Escritura, pero Dios mismo te va dando experiencias para que puedas ir conociéndolo de forma profunda, sobrenatural y maravillosa.

COMPAÑERISMO, COLABORACIÓN E INTIMIDAD.

La comunión con el Espíritu Santo tiene estas tres definiciones; compañerismo, colaboración e intimidad.

Compañerismo es cuando hago asociación con Él, cuando le reconozco, cuando no hago nada sin sentir el consentimiento de Él. Ejemplo; somos compañeros de trabajo, Él es el jefe y yo soy el que le obedezco y sigue sus órdenes.

La colaboración, es cuando colaboro con sus deseos e intenciones. Yo no digo lo que va a suceder, sino que digo lo que Él dice que va a suceder, porque yo soy simplemente el colaborador del Espíritu Santo. Yo no decido quién se sana, yo solo anuncio el que Él decidió revelarme que se va a sanar. Yo no soy el que planifico el milagro, yo solo anuncio lo que Él me dijo que va a pasar. Colaborar con el Espíritu Santo es vivir bajo el rendimiento y el sometimiento de Él. Tú no puedes tener colaboración con alguien que primero no es compañero.

El apóstol Pablo era un colaborador, pero primero fue un compañero. Por eso cuando él quiere ir hacia Bitinia el Espíritu Santo le dice no, es Macedonia. Entonces él simplemente colabora y se rinde a la voluntad del Espíritu Santo. Si usted quiere realmente una vida fructífera colabore y obedezca al Espíritu Santo.

La intimidad tiene que ver con pasar el tiempo con Él, tener una relación que te lleve a una intimidad. Primero viene lo que es una relación donde comienzas a conocerle, luego viene la intimidad, donde estás con Él en lo secreto, donde pasas tiempo con Él a solas, leyendo su Palabra y adorándole. Dios quiere tener comunión contigo, Él desea tener una relación, una intimidad espiritual con cada uno de sus hijos, ese tiempo donde tú solo te dedicas a estar con Él, a esperar en Él, a percibir su Santa Presencia. Es un deseo de Dios que tengamos comunión con el Espíritu Santo.

Tu primer llamado no es hacer milagros, tu primer llamado no es construir una iglesia, tu principal y primer llamado es tener comunión con Jesucristo. *"Fiel es Dios, por el cual fuisteis llamados a la comunión con su Hijo Jesucristo nuestro Señor"*. **1 Corintios 1:9.**

Salmos 25:14 dice: *"La comunión íntima de Jehová es con los que le temen, Y a ellos hará conocer su pacto"*. Uno de los beneficios que vas a adquirir cuando tienes comunión íntima con el Espíritu Santo, es el conocimiento por encima de los demás. El Espíritu de Dios te va a dar conocimiento de cosas que no todo el mundo tiene, por eso dice: *"A ellos hará conocer su pacto"*, es decir su propósito, su voluntad. La comunión es la que nos revela, es donde encontramos información y revelación a la que nadie más tiene acceso si no tiene una relación con Dios.

Hay algo muy interesante y que me llama mucho la atención y es que tener comunión en el antiguo testamento es diferente a tener comunión en el nuevo testamento. En el nuevo testamento, como mencionamos anteriormente, comunión es compañerismo, colaboración e intimidad, pero en el antiguo testamento es ser amigo, comunión es tener una amistad. Abraham tuvo una comunión, porque Abraham fue amigo de Dios, entonces comunión también significa tener una amistad con el Espíritu Santo. Salmos 25:14 en la versión TLA dice: *"Tú, mi Dios, te haces amigo de aquellos que te honran, Y les da a conocer tu pacto"*. Así que comunión en el antiguo testamento es ser amigo de Dios, pero esa amistad viene como resultado de honrar a Dios.

LA HONRA.

Jesús dice: *"15 Si me amáis, guardad mis mandamientos; 16 Y yo rogaré al Padre, y os dará otro Consolador, para que esté con vosotros para siempre"*. **Juan 14:15-16**. Así que tener una amistad con Dios va a comenzar cuando honras a Dios guardando su Palabra. Si no honras su Palabra pierdes su presencia, y es precisamente lo que le ocurrió a Saúl, perdió la presencia de Dios por no honrar ni obedecer su pPalabra. Esto lo podemos ver en **1 Samuel 15:26-29.** (Versión TLA). *"26Pero Samuel le respondió: —Dios ya no quiere que seas rey, porque no quisiste hacer lo que te mandó. Así que yo no te voy a acompañar. 27Luego Samuel le dio la espalda a Saúl y empezó a alejarse. Pero Saúl agarró a Samuel por el manto, y de un tirón se lo arrebató. 28Entonces Samuel le dijo: —Así es como Dios te va a arrebatar el reino de Israel, para dárselo a un israelita mejor que tú.*

²⁹El Dios que le da la victoria a Israel siempre cumple su Palabra, no cambia de opinión, como lo hace la gente".

Honrar a Dios también tiene que ver con temerle, con obedecerle, ¿cómo es que el pueblo dice de labios que honra a Dios, pero su corazón está lejos de Él? ¿Cómo dicen que lo honran pero no le obedecen? Le llaman Señor, Señor, pero ¿dónde está su honra? Hay personas que quieren amistad con Dios pero no le honran, honrar a Dios es respetar y someterse a su Palabra. Si queremos realmente una amistad con el Espíritu Santo,

tenemos que honrar su Palabra, no hay ningún libro más poderoso que la Biblia. Honrar es lo que me da paso para ser amigo de Dios, Él no es amigo de quien no honra su Palabra.

Quiero que leas este pasaje que se encuentra en **Génesis 18:1-14 (Versión TLA).** *"¹Ésta es la historia del día en que Dios se le apareció a Abraham cerca del bosque de Mamré. Ese día hacía tanto calor que Abraham estaba sentado a la entrada de su tienda de campaña. ²De pronto, levantó la vista y vio a tres hombres cerca de donde él estaba. Enseguida corrió a su encuentro, y se inclinó ante ellos en señal de respeto, ³y les dijo: —Señores, estoy para servirles. Si creen que merezco su visita, no se vayan. Quédense aquí un rato. ⁴ Voy a ordenar que traigan un poco de agua, para que se laven los pies y puedan descansar bajo este árbol. ⁵Voy a traerles también un poco de pan, para que recobren las fuerzas y puedan seguir su camino. ¡Ésta es su casa, y estoy para servirles! Los tres visitantes le contestaron: —Está muy bien. Haz todo lo que dijiste. ⁶Abraham entró corriendo a la tienda donde estaba Sara, y le dijo: «¡Date prisa! Toma unos veinte kilos de la mejor harina, y ponte a hacer pan».⁷Luego fue* al corral, tomó el más gordo de sus terneros, y se lo dio a un sirviente para que lo preparara enseguida. [8]Además del ternero, Abraham les ofreció a sus invitados mantequilla y leche. Mientras ellos comían, Abraham se quedó de pie bajo un árbol, atento para servirles. [9]Los visitantes le preguntaron: —¿Y dónde está tu esposa? Abraham les respondió: —Está dentro de la tienda. [10]Uno de ellos le dijo: —El año que viene volveré a visitarte, y para entonces tu esposa ya será madre de un hijo. Sara estaba a la entrada de la tienda, detrás de Abraham, escuchando lo que decían. [11]Abraham y Sara ya eran muy ancianos, y Sara no estaba ya en edad de tener hijos, [12]así que ella se rió y dijo entre dientes: «Eso sería muy bonito, pero mi esposo y yo estamos muy viejos para tener un hijo». [13]Entonces Dios le dijo a Abraham: —¿De qué se ríe Sara? ¿Acaso no cree que puede ser madre, a pesar de su edad? [14]¿Hay algo que yo no pueda hacer? El año que viene, por estos días, volveré a visitarte, y para entonces Sara ya será madre".

Me encanta esta historia porque Dios se queda donde es bien recibido, donde es honrado. Por eso Abraham se llamó amigo de Dios, y era tan profunda la amistad con Dios, que Él decidió descender y comer con Abraham. Yo daría todo para que Dios coma conmigo dos minutos. Abraham comió por espacio de media hora. Porque tuvieron que matar el becerro, esperar que lo cocinen, así que se tomó su tiempo con Dios allí hablando, y Dios le hablaba sobre lo que iba a pasar, sobre el hijo que iba a tener, ese es el resultado de honrar a Dios, tener una amistad con Él.

¿Para quién es la comunión?, ¿para quién es la amistad de Dios? Es para aquellos que le honran, para aquellos que le temen, cuando eres amigo del Espíritu Santo de Dios, cambia la atmósfera, porque donde quiera que llegue un amigo del Espíritu Santo, lo torcido comienza a enderezarse, donde no hay milagros comienzan a suceder milagros, las puertas cerradas comienzan a abrirse, las cosas estancadas comienzan a fluir.

Tú puedes tener la unción más fuerte del mundo y si vas a un grupo de personas que no honran lo que tú cargas, la unción no va a fluir. Dios nunca se manifestará donde primero Él no sea honrado, valorizado y reconocido. *"[54]Y venido a su tierra, les enseñaba en la sinagoga de ellos, de tal manera que se maravillaban, y decían: ¿De dónde tiene este esta sabiduría y estos milagros? [55]¿No es este el hijo del carpintero? ¿No se llama su madre María, y sus hermanos, Jacobo, José, Simón y Judas? [56]¿No están todas sus hermanas con nosotros? ¿De dónde, pues, tiene este todas estas cosas? [57]Y se escandalizaban de él. Pero Jesús les dijo: No hay profeta sin honra, sino en su propia tierra y en su casa. [58]Y no hizo allí muchos milagros, a causa de la incredulidad de ellos"*. **Mateo 13:54-58.** Jesús entró a su ciudad y no pudo fluir porque no honraban lo que Él era, honrar a Dios es la puerta para que Él manifieste su presencia personalizada, tangible, sensible y real. Por eso cuando me invitan a un lugar, yo oro y si percibo en el espíritu que no van a honrar lo que el Espíritu Santo hace en mí, yo no voy porque sé que vamos a perder el tiempo. Porque el Espíritu Santo no se va a manifestar, eso está más que comprobado.

"Porque Jehová abomina al perverso; Mas su comunión íntima es con los justos". **Proverbios 3:32.** Este versículo nos enseña que la comunión de Jehová es con los justos. Él señala que es con los justos, no con los perfectos, sino con alguien que continuamente reconoce que debe humillarse ante Dios, que continuamente busque

el rostro de Dios y su sabiduría, alguien que busca conocer la voluntad de Dios.

La comunión con Dios te ayuda a avanzar no importando la situación en la que te encuentras, cuando tienes comunión con Dios, no importa quién te esté persiguiendo o quién quiere detenerte, eres como una roca fuerte, siempre estás en avance, siempre estás en movimiento porque el Espíritu Santo es un río fluyendo.

SI HAY COMUNIÓN LA ADVERSIDAD NO TE DETIENE.

"¹¡Oh Jehová, cuánto se han multiplicado mis adversarios! Muchos son los que se levantan contra mí. ²Muchos son los que dicen de mí: No hay para él salvación en Dios. ³Mas tú, Jehová, eres escudo alrededor de mí; Mi gloria, y el que levanta mi cabeza. ⁴Con mi voz clamé a Jehová, Y él me respondió desde su monte santo. ⁵Yo me acosté y dormí, Y desperté, porque Jehová me sustentaba. ⁶No temeré a diez millares de gente, Que pusieren sitio contra mí. ⁷Levántate, Jehová; sálvame, Dios mío; Porque tú heriste a todos mis enemigos en la mejilla; Los dientes de los perversos quebrantaste. ⁸La salvación es de Jehová; Sobre tu pueblo sea tu bendición".

SALMOS 3:1-8.

¿Por qué yo digo que cuando tienes comunión, siempre estás en avance? Cuando David escribió este Salmo, no lo escribió en el palacio con eunucos o conservadores moviendo una rama echándole aire, David no estaba comiendo uvas ni tomando vino, él no estaba en su mejor tiempo, él huía de Absalón, huía de su propio hijo. Cuando el escribió esto, era su peor día, porque David había peleado con Goliat, había huido de Saúl, pero nunca había huido de su propia familia.

La guerra que David estaba viviendo, era una guerra emocional, sentimentalmente él estaba destrozado porque su propio hijo lo buscaba para matarlo y en medio de esa situación adversa él escribe un Salmo. En un momento tan difícil David nunca dejó de tener comunión con el Espíritu Santo, nunca dejó de ser funcional, de avanzar, él estaba huyendo, pero seguía confiando, escribía en medio de la tribulación por inspiración del Espíritu Santo.

Sabemos que toda la escritura fue inspirada por Dios, lo que significa que el Espíritu Santo vino sobre David, y su aflicción no detuvo su función. David en medio de su aflicción dijo: *"Estoy afligido, quieren mi cabeza, están contra mí, pero Jehová es escudo alrededor de mí, Jehová es mi salvación, yo me acostaré y despertaré"*. Él siguió siendo funcional, a pesar de estar en una adversidad tan difícil. Entonces, ¿qué es lo que permite que estopase?, la comunión con el Espíritu Santo, es la única manera de que si te ofenden, si te señalan, si te hacen la guerra, si se levantan contra ti, si te persiguen, tu sigas en gozo porque el Espíritu Santo fluye en tu interior, nada detiene al que tiene comunión. Yo estoy hablando del Salmista más grande, del rey más grande, de uno de los hombres más amados en el antiguo testamento, a quien Dios le llamó hijo, ese que en medio de su aflicción, no perdió su función, y muchas veces nosotros nos estancamos, dejamos de hacer la obra de Dios por nuestras adversidades y por nuestro estado emocional, todo esto apunta a que nos falta una sola cosa: *"Comunión"*.

Cuando no tenemos comunión no hay un río fluyendo en nuestro interior, y cuando no hay un río fluyendo cualquier situación nos quita el sueño.

Esto era lo que hacía a David indetenible, solo cuando estás lleno y en comunión continua con el Espíritu Santo serás de esa manera, lógicamente sentirás la guerra emocional, porque tú eres de carne, pero aun así seguirás haciendo lo que Dios te ha mandado a hacer. David escribió un Salmo en el tiempo más duro, aquel que salió de sus lomos, aquel niño que él crió, que él vio creciendo, que él alimentó y que ahora lo quiere matar, eso debió ser muy duro para David y aun así él encuentra todavía fuerzas para dejarse inspirar por el Espíritu Santo. Esto sólo tiene una sola explicación; tenía comunión con el Espíritu Santo, y es lo único que no lo detuvo en tiempos difíciles.

Otro caso que me llama mucho la atención, es el caso de Esteban cuando es apedreado. Esta historia se encuentra en el libro de **Hechos 7:54-60.** *"54Al escuchar esto, los de la Junta Suprema se enfurecieron mucho contra Esteban. 55Pero como Esteban tenía el poder del Espíritu Santo, miró al cielo y vio a Dios en todo su poder. Al lado derecho de Dios estaba Jesús, de pie. 56Entonces Esteban dijo: «Veo el cielo abierto. Y veo también a Jesús, el Hijo del hombre, de pie en el lugar de honor.» 57Los de la Junta Suprema se taparon los oídos y gritaron. Luego todos juntos atacaron a Esteban, 58 lo arrastraron fuera de la ciudad, y empezaron a apedrearlo. Los que lo habían acusado falsamente se quitaron sus mantos, y los dejaron a los pies de un joven llamado Saulo. 59Mientras le tiraban piedras,*

Esteban oraba así: «Señor Jesús, recíbeme en el cielo.» 60 Luego cayó de rodillas y gritó con todas sus fuerzas: «Señor, no los castigues por este pecado que cometen conmigo.»"

¿Cómo se explica que a Esteban lo estaban apedreando y él seguía orando? Eso se llama comunión. Cuando no tienes comunión, eres vulnerable a los golpes de la vida, eres fácil de vencer emocionalmente. Cuando tienes comunión con el Espíritu Santo, sientes gozo en medio de las aflicciones, y eso te lleva a seguir siendo funcional y efectivo en medio de las adversidades. Yo aprendí que cuando no estaba fluyendo en su presencia todo me daba temor, pero cuando decidí tener comunión firme con el Espíritu Santo, lo único que sentía era gozo.

No puedo cerrar este tema sin hablar de quien más tuvo comunión con el Espíritu Santo, nuestro amado Jesús. En el libro de **Mateo 26:38** dice: *"Entonces Jesús les dijo: Mi alma está muy triste, hasta la muerte"*. Jesús se sentía triste pero no dejo de orar, se sentía afligido, pero seguía haciendo la voluntad del Padre, aunque le doliera, no dejaba de tener comunión con Él. *"Yendo un poco adelante, se postró sobre su rostro, orando y diciendo: Padre mío, si es posible, pase de mí esta copa; pero no sea como yo quiero, sino como tú"*.

Mateo 26:39. Jesús sabía que debía cumplir con su muerte, muerte de cruz por la salvación de todos los que en Él creyeran. Porque cuando tienes comunión con el Espíritu Santo, la aflicción no elimina tu función.

Mi consejo es: No te enfoques en la situación, enfócate en ser lleno continuamente por el Espíritu Santo, y si lo haces así ninguna adversidad, ningún temor, ningún miedo, ninguna lengua mentirosa, ni ningún enemigo podrán detenerte. La comunión te hace recordar que aunque hoy te sientas afligido, hay un Dios que está alrededor de ti y que en cualquier momento, Él abrirá camino. Dios usará ese momento difícil para enseñarte misericordia, para darte revelación y para que otros que no han tenido la dicha de tener la comunión que tú tienes, al leer o escuchar tu experiencia, se fortalezcan y entiendan que, como Dios te libró a ti, los va a librar a ellos.

CAPITULO VI

LA MANIFESTACIÓN DE SU PRESENCIA

La manifestación de la presencia de Dios, viene por causa de algo que estás haciendo que a Él le agrada. Cuando la presencia de Dios se manifiesta los beneficios son maravillosos e incomparables, cosas extraordinarias suceden; sequías son disipadas, la esterilidad es removida, cuando la presencia de Dios visitó a Sara dejó de ser estéril, eso lo podemos observar en el libro de **Génesis 18:9-10** *"9 —¿Dónde está Sara, tu esposa?—preguntaron los visitantes.—Está dentro de la carpa—contestó Abraham. 10Entonces uno de ellos dijo: —Yo volveré a verte dentro de un año, ¡y tu esposa, Sara, tendrá un hijo!".* **(Versión NVI).**

Isaías 44:3 dice: *"Porque yo derramaré aguas sobre el sequedal, y ríos sobre la tierra árida; mi Espíritu derramaré sobre tu generación, y mi bendición sobre tus renuevos".* En este versículo el profeta

Isaías nos da la idea de que cuando la presencia de Dios es derramada, la sequía es removida, y no solo habla de una sequía física, sino también de una sequía espiritual que a todos en alguna ocasión nos toca experimentar, y la solución para toda sequía o desierto que atravesemos, es la presencia de Dios manifestada. Cuando la presencia de Dios se manifiesta hay un fluir, hay un movimiento sobrenatural que nos hace salir de todo estancamiento y comenzamos a tener resultados muy positivos a nivel espiritual.

En el libro de **Joel 2:28-31** dice: "*28Y después de esto derramaré mi Espíritu sobre toda carne, y profetizarán vuestros hijos y vuestras hijas; vuestros ancianos soñarán sueños, y vuestros jóvenes verán visiones. 29Y también sobre los siervos y sobre las siervas derramaré mi Espíritu en aquellos días. 30Y daré prodigios en el cielo y en la tierra, sangre, y fuego, y columnas de humo. 31El sol se convertirá en tinieblas, y la luna en sangre, antes que venga el día grande y espantoso de Jehová*". En este versículo podemos observar que primero comenzaremos a profetizar, a ver eventos del futuro estando en el presente, es decir, tendremos el conocimiento de cosas que aún no han sucedido. Segundo, tendremos sueños. Tercero, tendremos visiones. Cuarto, comenzaremos a ver señales y prodigios y quinto, Cristo viene. cuando la presencia de Dios es manifestada podrás experimentar una gloriosa bendición en tu vida y todo a tu alrededor será prosperado, pero para que eso ocurra debe estar manifestándose Su presencia, porque una cosa es que Dios está presente en todos los lugares, pero Dios no manifiesta Su presencia en todas partes y eso cambia las cosas. Entonces te preguntarás: ¿Qué hacer para que no solo Él esté, sino que se manifieste también? Recuerda que Dios está en todo lugar, al mismo tiempo y a la misma hora, pero no por eso se manifiesta en todo lugar.

En el **capítulo 3** del libro de Samuel habla de que la Palabra de Dios escaseaba y que Dios no se estaba manifestando con frecuencia en esos días y no había visiones, ni sueños, ni profecías, porque Dios no se manifestaba. En **1 Samuel 3:1** dice que Samuel ministraba a jehová, y en los próximos versículos, puedes ver que Jehová le habla a Samuel, ¿qué quiere decir esto?, que Jehová se manifiesta a quien le ministra, el que le ministra a Dios, recibe como recompensa la manifestación visible y tangible de su presencia y trastorna todo a tu alrededor, te transforma y te dimensiona a un nuevo nivel espiritual.

Para hacer que Dios se manifieste debemos ministrarle y cuando le ministramos, entonces Él nos ministra y podemos experimentar el poder de la manifestación de su presencia. Cuando Dios se le manifiesta a Samuel, es porque Samuel previamente le había ministrado a Dios y esa es una de las claves para que la presencia de Dios sea manifestada; ministrarle a Dios primero, por eso la Palabra dice en **Mateo 7:8** *"Porque todo aquel que pide, recibe; y el que busca, halla; y al que llama, se le abrirá"*. Cuando estás en lo secreto con Él, cuando le ministras en lo secreto, entonces su presencia se manifestará en público. Cuando tú ministras a Dios tú estás provocándole, estás conquistándole, le estás llamando, le estás ministrando, y Él responde a tu búsqueda y responde a tu fe.

Esto podemos verlo también en el libro de los Hechos, donde un grupo de profetas y maestros comenzaron a ministrarle a Dios. *"¹Había entonces en la iglesia que estaba en Antioquía, profetas y maestros: Bernabé, Simón el que se llamaba Niger, Lucio de Cirene, Manaén el que se había criado junto con Herodes el tetrarca, y Saulo. ²Ministrando estos al Señor, y ayunando, dijo el Espíritu Santo:*

Apartadme a Bernabé y a Saulo para la obra a que los he llamado". **Hechos 13:1-2.**

Lo interesante es que la voz del Espíritu Santo viene después que Él es ministrado, es decir, lo mismo que hace Samuel, es lo mismo que están haciendo estos hermanos en la iglesia de Antioquía, ministrando al Señor y entonces viene su presencia. Cuando se manifiesta su presencia, siempre viene la voz de Dios como resultado. Esta iglesia experimentó la manifestación del Espíritu Santo y recibieron la revelación de los planes de Dios, de que Saulo y Bernabé serían los instrumentos que Dios quería usar para trastornar los pueblos y las ciudades. Lo que quiero que entiendas mi querido hermano es que antes que Dios se manifestara y hablara hubo una disposición, una acción de la iglesia, ¿cuál era la acción?, ministrar a Dios y cuando ministraron a Dios, entonces Dios los ministró a ellos.

¿Qué es ministrar a Dios? *"Adorarle"*. Cuando adoras a Dios, estás ministrando a Dios y cuando esto sucede estás provocando a Dios a que manifieste su hermosa presencia. Adorarle es decirle: *"Quién como tú Jehová? Magnífico en santidad, Hacedor de Maravillas, Nadie como Tú en toda la tierra, Te Adoro, Te Bendigo, Te Exalto, Te Alabo".* Por eso Dios estaba enamorado de David porque la vida de David era ministrar a Dios, le adoraba todo el tiempo. Adorar a Dios es hacerlo con el corazón, es quebrantarse, rendirse ante la majestuosidad de Dios.

En el cielo hay dos cosas que no paran; la oración y la adoración. Donde se ora y se adora suceden cosas maravillosas, la adoración invita su presencia y la oración prepara el escenario para que Él nos hable.

Adorar a Dios también es obedecer. En el libro de Éxodo 24: 12-18 dice lo siguiente: "*12Entonces Jehová dijo a Moisés: Sube a mí al monte, y espera allá, y te daré tablas de piedra, y la ley, y mandamientos que he escrito para enseñarles. 13Y se levantó Moisés con Josué su servidor, y Moisés subió al monte de Dios. 14Y dijo a los ancianos: Esperadnos aquí hasta que volvamos a vosotros; y he aquí Aarón y Hur están con vosotros; el que tuviere asuntos, acuda a ellos. 15 Entonces Moisés subió al monte, y una nube cubrió el monte. 16Y la gloria de Jehová reposó sobre el monte Sinaí, y la nube lo cubrió por seis días; y al séptimo día llamó a Moisés de en medio de la nube. 17Y la apariencia de la gloria de Jehová era como un fuego abrasador en la cumbre del monte, a los ojos de los hijos de Israel. 18Y entró Moisés en medio de la nube, y subió al monte; y estuvo Moisés en el monte cuarenta días y cuarenta noches*".

Me imagino esta conversación entre Dios y Moisés y es tan interesante, es Dios diciéndole: "*Quiero verte, quiero verte donde yo estoy, quiero verte en la parte alta, no te quiero ver en lo bajito, no te quiero ver en lo llano, quiero hablar contigo pero sube, sube a donde yo estoy, porque yo voy a comunicarme contigo*". Imagina que Dios tenga esta conversación hoy contigo; Él te llama a salir de lo bajito y a subir a la parte alta para mostrarte el propósito que Él tiene para ti.

Moisés obedeció y subió y es precisamente lo que Dios está esperando que hagas, que obedezcas. Cuando Moisés subió, bajó Dios en una nube, y eso es lo que todos queremos, que Dios baje, porque cuando Dios baja, su misericordia es notable, su poder se siente, se percibe y hay efectos secundarios, ocurren cosas extraordinarias y maravillosas.

Entre tú y Dios hay una cita, hay una reunión espiritual, en esas madrugadas no sé a qué hora te vas a levantar, pero cuando tú te sales de la cama y te sacrificas a las cuatro o las cinco de la mañana es que estás subiendo, cuando separas un día para ayunar es que estás subiendo, cuando comienzas a adorar a Dios es que estás subiendo, cuando comienzas a orar es que estás subiendo. Dice la palabra que cuando Moisés subió, Dios bajó y yo creo que Dios va a bajar a tu casa, a tu vida, a tu ministerio, a tu familia, a tu negocio.

Esto a mí me emociona bastante; Dios bajó en una nube, allí se reúne con Moisés y le dio a conocer su propio nombre y ¿sabes qué nombre es? Yahweh que traducido es *"El Eterno"*. Dice la Biblia que Moisés estaba temblando porque la voz que estaba hablando fue la misma que le dio inicio a todo lo existente, visible o invisible. La Palabra dice que Moisés bajó la cabeza hacia el suelo y adoró, así que vemos a un Moisés obedeciendo, adorando y por ende, ministrando a Dios.

La obediencia trae revelación de Dios hacia ti, porque cuando Moisés subió al monte se le reveló el *"Yo Soy"*. Cuando obedecemos a Dios, entramos en una esfera de revelación divina donde Dios se revela a nosotros y comenzamos a percibir cosas que antes no percibíamos y a conocer cosas que antes no conocíamos.

Él es el Dios de Israel, el *"Yo Soy"*, Dios eterno y bondadoso, aquel que no se enoja con facilidad y su amor por su pueblo es muy grande, su amor es siempre el mismo, no cambia y siempre está dispuesto a perdonar a quienes hacen lo malo, pero también castiga al culpable.

Otro ejemplo de obediencia y adoración podemos observarlo cuando Dios le habla a Abraham para sacrificar a su hijo Isaac. *"[1]Aconteció después de estas cosas, que probó Dios a Abraham, y le dijo: Abraham. Y él respondió: Heme aquí. [2]Y dijo: Toma ahora tu hijo, tu único, Isaac, a quien amas, y vete a tierra de Moriah, y ofrécelo allí en holocausto sobre uno de los montes que yo te diré. [3]Y Abraham se levantó muy de mañana, y enalbardó su asno, y tomó consigo dos siervos suyos, y a Isaac su hijo; y cortó leña para el holocausto, y se levantó, y fue al lugar que Dios le dijo. [4]Al tercer día alzó Abraham sus ojos, y vio el lugar de lejos. [5]Entonces dijo Abraham a sus siervos: Esperad aquí con el asno, y yo y el muchacho iremos hasta allí y adoraremos, y volveremos a vosotros".* **Génesis 22:1-5.**

Es la primera vez que aparece la palabra *"Adoración"* textualmente. Cuando Abraham dijo iremos y adoraremos estaba obedeciendo a Dios, a lo que Dios le había ordenado, de sacrificar a su hijo. Es evidente que adorar a Dios comienza con la obediencia y el significado de adorar a Dios es postrarse; por eso es que Moisés cuando adoró puso la cabeza hacia el suelo, porque es una actitud de reverencia, significa que me estoy rindiendo, que estoy sumiso, es la forma en la que le ministramos a Dios.

Donde Dios es adorado, es provocado a ser manifestado y donde Él es manifestado toda enfermedad se seca, la miseria y la pobreza se van, los enemigos caen, hay muros de fuego alrededor, no hay muerte, no hay estancamiento, hay avance, donde Él es manifestado, hay cumplimiento de promesas.

No puedes sobornar a Dios, no puedes fingir una adoración porque Él te conoce desde adentro, y antes de que tú adores, Él está discerniendo si tú adoras de corazón o no. Lo único que hará que Él venga, que descienda, que se manifieste, es cuando tú le ministras obedeciéndole y adorándole con el corazón.

CAPITULO VII

NO CONTRISTES AL ESPÍRITU SANTO

"25Por lo cual, desechando la mentira, hablad verdad cada uno con su prójimo; porque somos miembros los unos de los otros. 26Airaos, pero no pequéis; no se ponga el sol sobre vuestro enojo, 27ni deis lugar al diablo. 28El que hurtaba, no hurte más, sino trabaje, haciendo con sus manos lo que es bueno, para que tenga qué compartir con el que padece necesidad. 29Ninguna palabra corrompida salga de vuestra boca, sino la que sea buena para la necesaria edificación, a fin de dar gracia a los oyentes. 30Y no contristéis al Espíritu Santo de Dios, con el cual fuisteis sellados para el día de la redención. 31Quítense de vosotros toda amargura, enojo, ira, gritería y maledicencia, y toda malicia. 32Antes sed benignos unos con otros, misericordiosos, perdonándoos unos a otros, como Dios también os perdonó a vosotros en Cristo".

EFESIOS 4:25-32.

Miles de cristianos han mal interpretado al Espíritu Santo, le tratan como algo, no como alguien. Es sumamente importante poder tener el conocimiento de quién es el Espíritu Santo ya que esto nos va a facilitar la vida para poder caminar en su poder y tener una vida efectiva, fructífera y llena de resultados positivos.

Si el Espíritu Santo está bloqueado en nuestras vidas se nos hará imposible poder avanzar, Satanás tomará ventaja y nos hará vivir una vida de atraso y de estancamiento. No hay alguien a quien el diablo le tema más que aquel que es lleno del Espíritu Santo y que camina en comunión y en obediencia total al Él.

Cuando tú lees las escrituras te das cuenta que los resultados y beneficios maravillosos que tenían hombres y mujeres de Dios era por causa de su obediencia total y dirección con el Espíritu Santo. Al pasar tiempo con Dios desarrollaron oídos sensibles y un espíritu que podía percibir la voluntad del Espíritu Santo, ellos le obedecían y esta obediencia los llevaba a ser poderosos, inquebrantables, indetenibles, cada uno de ellos caminó en una obediencia al Espíritu Santo y esto los hizo poderosos, por dondequiera que pasaban sacudían ciudades. Todo en sus vidas tenía resultados positivos porque quien hacía que las cosas sucedieran no eran sus oraciones ni sus ayunos, sino el Espíritu Santo. Él hace que las cosas sean, Él hace que las cadenas se rompan, Él hace que el enfermo se sane, Él es el gran transformador de todas las cosas.

Muchas personas creen que al no tener la facilidad de visualizar al Espíritu Santo porque no tiene un cuerpo físico no es una persona, creen que porque hay símbolos que representan al Espíritu Santo, como una paloma, un aceite, un viento, un fuego, Él es una cosa y no alguien, y es ahí donde está el problema, porque cuando comenzamos a tratarlo como una cosa, queremos orar y ayunar para usarlo, pero no queremos ayunar y orar para que Él nos use, y eso marca una gran diferencia, por eso hay muchos que no podrán avanzar en la unción porque tienen al Espíritu Santo como una cosa y no como una persona.

"²⁶Y de igual manera el Espíritu nos ayuda en nuestra debilidad; pues qué hemos de pedir como conviene, no lo sabemos, pero el Espíritu mismo intercede por nosotros con gemidos indecibles. ²⁷Mas el que escudriña los corazones sabe cuál es la intención del Espíritu, porque conforme a la voluntad de Dios intercede por los santos". **Romanos 8:26-27.** El Espíritu Santo es alguien y esta es una de las pruebas *"intercede por nosotros"*, un símbolo como el aceite no puede hacerlo, pero una persona sí.

En este pasaje vemos tres pruebas de que el Espíritu Santo es una persona. Primero, el Espíritu intercede por nosotros, segundo, escudriña los corazones y tercero tiene mente, voluntad, pensamientos y decisiones, Él imparte los dones como quiere. De hecho, la Iglesia fue dejada a cargo del Espíritu Santo de Dios, el Padre y el Hijo están en el trono, pero dejaron a Iglesia a cargo y bajo el cuidado de la persona del Espíritu Santo.

El Espíritu Santo obra a nuestro favor, Jesús lo declaró cuando prometió que el Espíritu Santo nos enseñaría todas las cosas y nos recordaría todo lo que Él había dicho. Esto podemos verlo en el libro de **Juan 14:26.** *"Mas el Consolador, el Espíritu Santo, a quien el Padre enviará en mi nombre, él os enseñará todas las cosas, y os recordará todo lo que yo os he dicho".*

Cuando tú lees **Nehemías 9:20-21**, dice: *"²⁰Y enviaste tu buen Espíritu para enseñarles, y no retiraste tu maná de su boca, y agua les diste para su sed. ²¹Los sustentaste cuarenta años en el desierto; de ninguna cosa tuvieron necesidad; sus vestidos no se envejecieron, ni se hincharon sus pies"*. Estos versos destacan el papel activo de enseñanza del Espíritu Santo, una acción únicamente posible por un ser con intelecto, un ser con inteligencia.

En el libro de **Juan 15:26,** aprendemos que el Espíritu Santo no sólo enseña, también testifica. *"Pero cuando venga el Consolador, a quien yo os enviaré del Padre, el Espíritu de verdad, el cual procede del Padre, él dará testimonio acerca de mí"*. No sólo nos ayuda testificar, Él mismo testifica, una acción que también requiere intelecto.

El Espíritu Santo también puede ser resistido. Cuando Esteban estaba hablando frente a los sacerdotes, les dijo: *"¡Duros de cerviz, e incircuncisos de corazón y de oídos! Vosotros resistís siempre al Espíritu Santo; como vuestros padres, así también vosotros"*. **Hechos 7:51.** Este versículo nos deja claro la resistencia que tuvieron al Espíritu Santo, recibiendo la ley de Dios pero no obedeciéndola. Resistir al Espíritu Santo significa que no obedeces ni llevas a cabo las instrucciones de Dios, que no se rinden a lo que Él quiere, que son rebeldes a su voluntad. Podemos tomar decisiones y opiniones propias que no están de acuerdo con el Espíritu Santo, y eso nos va a traer grandes consecuencias, porque el Espíritu de Dios dejará de fluir en nuestras vidas y dejaremos de ser personas de avance que nos estancaremos espiritualmente.

El Apóstol Pablo habla de que podemos entristecer al Espíritu Santo de Dios. *"³⁰Y no contristéis al Espíritu Santo de Dios, con el cual fuisteis sellados para el día de la redención. ³¹Quítense de vosotros toda amargura, enojo, ira, gritería y maledicencia, y toda malicia. ³² Antes sed benignos unos con otros, misericordiosos, perdonándoos unos a otros, como Dios también os perdonó a vosotros en Cristo".* **Efesios 4:30-32.** Esto significa que si se entristece es porque tiene emociones, pero no emociones como las nuestras, son emociones de Dios, emociones espirituales. Lo cierto es que las tiene, es por eso que aparece la expresión *"No contristes al Espíritu Santo de Dios".* Si no cuidas tu relación y el trato hacia el Espíritu Santo, tu vida no tendrá calidad en esta tierra, no podrás disfrutar de lo que es el gozo de Dios, no tendrás una vida efectiva, ni podrás ver avances significativos. No importa cuánto ayunes, cuánto ores, cuánto diezmes, no vas a crecer. El Apóstol Pablo bajo la inspiración del mismo Espíritu Santo dijo *"No contristéis al Espíritu Santo".*

¿Qué significa contristar? La palabra *"contristar"* en griego significa atormentar, causar pesar. Cuando tú dices: *"Me pesa andar con esa persona" "Siento un pesar con él o con ella".* ¿Te ha pasado? Así le pasa también al Espíritu Santo, cuando eres rebelde y no obedeces. La Palabra dice en el libro de Isaías 63:10 *"Mas ellos fueron rebeldes, e hicieron enojar su santo espíritu; por lo cual se les volvió enemigo, y él mismo peleó contra ellos".*

LA DESOBEDIENCIA AL ESPÍRITU SANTO TRAE CAOS.

Dios no camina con quien le causa pesar, molestia, ofensa, incomodidad o tristeza, Él no camina con quien le causa dolor. ¿A quién le gusta caminar con alguien que vive ofendiéndolo, que le causa dolor, que le insulta? Todos entendemos esto, porque todos hemos sido insultados, ofendidos, y en algún momento de nuestras vidas, hemos tenido contacto con personas que nos han causado dolor y literalmente nosotros no queremos caminar con esa persona. ¿Cuántos han sentido que alguien les causó dolor, les ofendió o los atormentó? ¿Y usted tiene ánimo de andar con esa persona? *"No"*. Es Precisamente lo que hace el Espíritu Santo. No importa qué bonito se vea la persona, no importa qué famoso sea, cuando le causamos dolor, ofensa, cuando lo insultamos, entonces Él se retira, retira su presencia y nos sentimos secos y dejamos de fluir y el ministerio o la obra de Dios se convierte en un negocio, no una pasión por Dios.

Hay muchas personas que han ofendido al Espíritu Santo y lo mantienen entristecido con sus acciones. El Espíritu Santo tiene un corazón tierno que fácilmente llora por ti y por mí y créeme que le causamos dolor cuando no vivimos la vida como deberíamos vivirla, como Él establece que la vivamos.

Ante la advertencia de no contristar al Espíritu Santo, el Apóstol Pablo dice cuáles son las acciones que lo entristecen. Podemos encontrar estas acciones en el libro de **Efesios 4: 25- 29** *"25Por lo cual, desechando la mentira, hablad verdad cada uno con su prójimo; porque somos miembros los unos de los otros. 26Airaos, pero no pequéis; no se ponga el sol sobre vuestro enojo, 27ni deis lugar al diablo. 28El que hurtaba, no hurte más, sino trabaje, haciendo con sus manos lo que es bueno, para que tenga qué compartir con el que padece necesidad. 29Ninguna palabra corrompida salga de vuestra boca, sino la que sea buena para la necesaria edificación, a fin de dar gracia a los oyentes"*. Según este pasaje podemos destacar tres puntos para no contristar al Espíritu Santo.

I. NO LE DES LUGAR AL DIABLO.

Esta corta frase, encierra un significado profundo y nos invita a pensar en cómo debemos vivir como hijos de Cristo y tener una vida digna de su llamado. En este pasaje podemos analizar la importancia de evitar el enojo, el cual es una puerta abierta para que el enemigo entre en nuestras vidas con facilidad evitando que permanezcamos en armonía con Dios y los demás. El Apóstol Pablo nos advierte que no debemos permitir que el enojo se apodere de nuestras vidas. Como seres humanos, es normal que en algún momento de nuestras vidas nos enojemos, el problema está en que alimentemos ese enojo y permitamos que se aloje en nuestros corazones, abriéndole así una brecha al diablo para que tome dominio de nuestras acciones y actitudes. Por eso es importante reconocer cuando el enojo se está prolongando, debemos confrontarlo y no darle lugar al diablo.

El diablo busca constantemente la oportunidad de entrar en nuestras vidas y desviarnos del camino que Dios ha establecido para cada uno de nosotros. Satanás es el padre del engaño y aprovecha cualquier debilidad para introducir sus dardos y afectar nuestra vida espiritual, apartándonos de Dios y caminando en nuestra propia carne, en nuestros propios deseos y cuando eso pasa, entonces entristecemos al Espíritu Santo y Él se aparta. Hagamos caso a la exhortación del Apóstol Pablo, no hagamos cosas que legalicen a Satanás en nuestras vidas porque el diablo nada tiene que ver con nostros.

2. NO TOMES LO QUE NO ES TUYO.

Esto aplica para todo aquel que robe por medio de cualquier método. Cuando hagas negocios, cuando vendas una casa, cuando vendas un vehículo, cuando construyas o renueves algo, no te sobre evalúes, no robes, porque el Espíritu Santo está allí observándote. Puede ser que ganes unos cuantos dólares, pero vas a perder la fuente del gozo, vas a perder al Espíritu Santo. El Apóstol Pablo nos da una indicación concreta de cómo debemos comportarnos ante esta situación. *"El que hurtaba, no hurte más, sino trabaje, haciendo con sus manos lo que es bueno, para que tenga qué compartir con el que padece necesidad"*. Esta instrucción aboga no solo por abandonar cualquier forma de robo, sino también por vivir un estilo de vida honesto, donde el trabajo se utiliceparael beneficio propio y para ayudar a los demás.

3. NO PRONUNCIES PALABRAS CORROMPIDAS.

Algo que debemos poner en práctica si queremos vivir como Jesús nos indica a hacerlo, es que no salga ninguna palara corrompida de nuestra boca. Todo lo que digamos debe ser bueno y útil, de modo que animemos y edifiquemos a quienes nos escuchan. Solo así podremos caminar en la santidad y pureza de Cristo. Recuerda que Jesús nos enseña que las palabras que pronunciamos revelan lo que hay en nuestro corazón, así que no permitas que por tu boca salgan palabras corrompidas, sino palabras que faciliten el cambio, la redención y la transformación de los demás.

¿CÓMO AGRADAR AL ESPÍRITU SANTO?

De la misma forma que el Apóstol Pablo nos dice las acciones que contristan al Espíritu Santo, nos da también las claves de cómo agradarlo. Podemos observarlas en el mismo capítulo 4 de Efesios, versículos 31 y 32. *"[31]Quítense de vosotros toda amargura, enojo, ira, gritería y maledicencia, y toda malicia. [32]Antes sed benignos unos con otros, misericordiosos, perdonándoos unos a otros, como Dios también os perdonó a vosotros en Cristo"*.

El Apóstol Pablo nos da una lista de las cosas que debemos remover de nuestras vidas para agradar al Espíritu Santo y no contristarlo. Nota que él dice *"Quíntense de vosotros"*, no dice que le pidamos a Dios que lo haga, nosotros somos lo que debemos tomar acción y hacernos responsables.

En este pasaje una de las palabras poco comunes que escuchas mencionar es la maledicencia. Esta palabra significa difamación, murmuración, es la acción de hablar en contra de los demás. Cuando alguien habla de los demás con la intención de difamar, no significa decir la verdad, sino que lo hace con la intención de destruir y cuando esto pasa ofendemos al Espíritu Santo. La maledicencia se considera un pecado contra Dios.

Debes entender que para agradar al Espíritu Santo, tienes que quitar de tu vida cualquiera de estas acciones que menciona el Apóstol Pablo, ya sea amargura, enojo, ira, gritería o maledicencia. Si procedes de esta manera, tú y el Espíritu Santo tendrán una hermosa relación y serán los mejores amigos.

Luego de remover todas esas cosas de nuestras vidas, Pablo nos exhorta a ser benignos, ser buenos, facilitarle la vida a los demás. Ser benigno es aprender a proveer lo que la otra persona necesita. También nos dice que debemos ser misericordiosos, que seamos compasivos. Hoy en día existen muchas personas egoístas, que solo piensan en su propio bien, velan solo por lo suyo sin importarles lo de nadie más. Por último, nos manda a perdonar, debemos guardar nuestro corazón. Dejar de estar enojados, no gritar no insultar a lo demás, dejar de hacer el mal, por el contrario, seamos buenos, compasivos los uno con los otros, perdonándonos así como Dios nos perdonó por medio de Cristo. Cuando caminamos con amor y pasión, mostramos el fruto del Espíritu Santo de Dios.

Finalmente, para caminar en el poder del Espíritu Santo, es esencial permitir que Él transforme nuestras vidas desde adentro hacia afuera, dejando atrás todo lo que sea obstáculo para tener una comunión con Él, dejando atrás todo lo que contamine nuestro corazón y lacere nuestra relación con Él.

Este es el momento para que renuncies a todo aquello que pueda apagar al Espíritu de Dios en tu vida y ser un instrumento en sus manos para ser usado con poder. Con un corazón humilde ante Él, pídele que su poder fluya a través de ti y que tome el control absoluto de tu vida, que aun cuando los caminos que atravieses sean difíciles, te ayude a obedecerlo y entender que sus planes son mejores que los tuyos.

CAPITULO VIII

EL FUEGO QUE HABITA DENTRO DE TI

"⁶Por lo cual te aconsejo que avives el fuego del don de Dios que está en ti por la imposición de mis manos. ⁷Porque no nos ha dado Dios espíritu de cobardía, sino de poder, de amor y de dominio propio".

2 TIMOTEO 1:6-7

En estos versículos podemos apreciar que el Apóstol Pablo le exhorta a Timoteo que debe avivar el fuego del don de Dios que ya habita dentro de él, porque aunque ya esté el fuego, si lo dejamos apagar, dejaremos de ser funcionales. A través de estas palabras del Apóstol Pablo podemos entender, que no debemos dejar de darle uso a lo que fue depositado de parte de Dios en nuestras vidas y una de las formas en la que el fuego puede apagarse es cuando nos detenemos y dejamos de hacer lo que Dios nos ordenó que hiciéramos.

Cada don y cada ministerio que Dios imparte, lo hace por amor a los que necesitan de Él. Por lo tanto, nosotros debemos de darle el uso correcto a favor de aquellos que lo necesitan, pues los dones no son para tenerlos guardados, sino para ponerlos en función de lo que Dios determinó.

Cuando usted lee la Palabra en el libro de **Marcos 16:17-18** que dice: *"[17]Y estas señales seguirán a los que creen: En mi nombre echarán fuera demonios; hablarán nuevas lenguas; [18]tomarán en las manos serpientes, y si bebieren cosa mortífera, no les hará daño; sobre los enfermos pondrán sus manos, y sanarán"*, podemos enfatizar la palabra *"Seguirán"* dándonos la idea de que esas señales son para personas que están en movimiento, no estancadas, ni rezagadas.

Cuando dejas de orar, cuando dejas de hacer la obra de Dios, te vas a estancar y te vas a enfriar y aunque tengas todos los dones dentro de ti, ninguno se va a manifestar mientras ese fuego esté apagado, pero si comienzas a activarte y a hacer lo que Dios te mandó a hacer, literalmente ese fuego va a comenzar a surgir y podrás ver milagros y maravillas de Dios manifestarse de manera sobrenatural.

No dejes de usar el don que tienes, no dejes de profetizar, no dejes de predicar, no dejes de enseñar, no dejes de evangelizar, no dejes de orar por las personas, no permitas que se apague el fuego del don de Dios que hay dentro de ti, aún en medio de las adversidades que puedas vivir, no lo permitas. Satanás tratará por todos los medios de hacer que apagues ese fuego que Dios ha depositado en ti, usará métodos, medios, circunstancias, personas, un sin número de herramientas para que tú mismo dejes apagar el fuego, pero lo más frustrante para él, es ver que, a pesar de todo lo que él haga, en contra de ti, tú te mantienes moviéndote en fe. Por eso Pablo dice, aviva el fuego del don de Dios, es decir, la responsabilidad de mantener el don fluyendo es tuya. Un ejemplo básico que puedo darte es el siguiente: *"Si yo te regalo un vehículo, tú puedes hacer dos cosas; parquearlo en tu garaje y no usarlo, dejando que se dañen sus piezas y pierda valor o usarlo todos los días y darle el cuidado y mantenimiento que corresponde. Eso mismo pasa con los dones; los dones son regalos de Dios, tú decides si avivarlos con el fuego o si dejarlos apagar, todo depende de ti"*.

Pablo nos dice que Dios no nos ha dado espíritu de cobardía, sino de poder, de amor y de dominio propio. Conociendo esto, no debemos temer a ningún obstáculo ni a ninguna circunstancia que se nos presente en la vida, tampoco podemos dejarnos intimidar por el enemigo, por personas que no creen en lo que Dios ha depositado en nuestro corazón. No te dejes intimidar por personas que cuestionan tu llamado, no te dejes amedrentar por personas llenas de ego, llenas de envidia, llenas de confusión y distracción, que sus palabras son mensajes distorsionados y lo que andan buscando es apagarte el don y apagarte el fuego. Tú no tienes que demostrarle a nadie que Dios te llamó, solo debes de obedecer a Dios y caminar en lo que Él te ha dicho que camines y poner en práctica el don que Él ha depositado dentro de ti.

Hoy en día hay personas tan intimidadas por la boca de los demás que ya no quieren orar ni hablar en lenguas, ya no quieren predicar, ya no quieren danzar, y se han dejado dominar por personas que no tienen lo que ellos tienen, se han dejado dominar por personas que no tienen el depósito que Dios les ha dado. Por lo tanto, tú no estás aquí para demostrarle a nadie tu llamado, tú estás aquí para hacer la voluntad de Dios.

Hay muchos cristianos apagados porque le tienen miedo a las opiniones de los demás, detienen el fluir del fuego que hay dentro de ellos por pensar en *"qué dirán?, ¿qué van a pensar?"*, y hacen todo a tal punto que no traiga controversias. Pero qué importa si Jesús siempre estuvo en el ojo del huracán, Jesús siempre fue perseguido por los religiosos. Pablo fue perseguido por judíos que guardaban la ley de Moisés, pero que no tenían el Espíritu de Dios. Hay muchas personas con mucho conocimiento pero fuera del propósito de Dios para sus vidas, llenos de argumentos inventados aún por ellos mismos.

La Biblia es clara: *"Aviva el fuego"*, la traducción dice: *"No dejes de ministrar, no dejes de usar el don, no dejes de enseñar, no dejes de hacer lo que tienes que hacer"*.

Dios no quiere que seamos cobardes con el don que Él nos ha dado, Dios quiere que seamos valientes y que nos esforcemos porque Él nos conoce, y Él sabe nuestra capacidad de hacer las cosas, porque si Él depositó dones en nosotros, es porque sabe que podemos manejarlos bajo su favor y su gracia, ajustándonos a sus mandamientos.

Quiero compartir contigo esta historia que se encuentra en el libro de Números, capítulo 22, **versículos 1-20. (Versión NVI).**

"¹Los israelitas se pusieron otra vez en marcha y acamparon en las llanuras de Moab, al otro lado del Jordán, a la altura de Jericó. ²Cuando Balac, hijo de Zipor, se dio cuenta de todo lo que Israel había hecho con los amorreos, ³los moabitas sintieron mucho miedo de los israelitas. Estaban verdaderamente aterrorizados de ellos, porque eran muchísimos. ⁴Entonces dijeron los moabitas a los jefes de Madián: «¡Esta muchedumbre devorará todo lo que hay a nuestro alrededor, como cuando el ganado devora la hierba del campo!"». En aquel tiempo, Balac, hijo de Zipor, era rey de Moab; ⁵así que mandó llamar a Balán, hijo de Beor, quien vivía en Petor, a orillas del río Éufrates, en la tierra de los amavitas. Balac mandó a decirle: «Hay un pueblo que salió de Egipto, y que ahora cubre toda la tierra y ha venido a asentarse cerca de mí. ⁶Te ruego que vengas y maldigas por mí a este pueblo, porque es más poderoso que yo. Tal vez así pueda yo vencerlos y echarlos fuera del país. Yo sé que a quien tú bendices queda bendito y a quien tú maldices queda maldito». ⁷Los jefes de Moab y de Madián fueron a dar a Balán el mensaje que Balac enviaba y llevaron consigo dinero para pagarle sus adivinaciones. ⁸Balán los invitó a pasar allí la noche, prometiendo comunicarles después lo que el SEÑOR dijera. Y los oficiales se quedaron con él. ⁹Dios apareció a Balán y dijo: ¿Quiénes son estos hombres que están contigo? ¹⁰Balán respondió: Son los mensajeros que envió Balac, hijo de Zipor, que es el rey de Moab. Los envió a decirme: ¹¹ "Un pueblo que salió de Egipto cubre ahora toda la tierra. Ven a maldecirlos por mí. Tal vez

así pueda yo luchar contra ellos y echarlos fuera de mi territorio". [12]Pero Dios dijo a Balán: No irás con ellos ni pronunciarás ninguna maldición sobre los israelitas, porque son un pueblo bendito. [13]La mañana siguiente Balán se levantó y dijo a los oficiales enviados por Balac: «Regresen a su tierra, porque el SEÑOR no quiere que yo vaya con ustedes». [14]Los oficiales moabitas regresaron adonde estaba Balac y dijeron: «Balán no quiere venir con nosotros». [15]Balac envió entonces a otros oficiales, más numerosos y distinguidos que los primeros, [16]quienes fueron y dijeron a Balán: Esto es lo que dice Balac, hijo de Zipor: No permitas que nada te impida venir a verme, [17]porque yo te recompensaré con creces y haré todo lo que tú me pidas. Te ruego que vengas y maldigas por mí a este pueblo. [18]Pero Balán respondió a los siervos de Balac: Aun si Balac me diera su palacio lleno de oro y de plata, yo no podría hacer nada grande ni pequeño, sino ajustarme al mandamiento del SEÑOR mi Dios. [19]Ustedes pueden también quedarse aquí esta noche, mientras yo averiguo si el SEÑOR quiere decirme alguna otra cosa. [20]Aquella noche Dios se apareció a Balán y dijo: «Ya que estos hombres han venido a llamarte, ve con ellos, pero solo harás lo que yo te ordene».

Satanás no cambia de estrategia, usa la misma, en todo tiempo. Por eso Balac, quiso rentar la boca de Balán, le estaba ofreciendo riquezas para que maldijera al pueblo, porque Balac creía que la boca de Balán tenía un poder que su ejército no tenía y pensaba que si rentaba la boca de Balán iba a vencer a Israel. Pero Israel nunca le hizo nada a Balac, era pura envidia, porque tenían un avance indetenible. Lo que Balac no sabía es que ninguna maldición puede contra el pueblo de Dios. Nada puede maldecir lo que ya Dios bendijo. Entonces, ¿por qué le vas a temer a la boca de los hombres si ya la de Dios habló acerca de ti? Donde Dios habla se callan los hombres, donde Dios habla se callan los demonios.

Por eso Pablo dice, no te ha dado Dios espíritu de cobardía, sino de poder, capacidad de dominio propio para que tú no te dejes controlar por las opiniones de los demás. Tienes que hacer lo que Dios te envió a hacer, no importa que hablen tratando de distorsionar tu obra y te sientas destruido, si el cielo te aprobó, no hay nada en la tierra que te desapruebe.

Pablo sabía cómo mantenerse en fuego y una de las cosas era no hacerle caso a los burlones. Si Pablo hubiese sido un cobarde, no hubiese sido quien fue. Pablo tuvo que enfrentarse no solo con los gentiles, que no creían, sino con los de su clase, los mismos judíos que eran maestros, él tuvo que enfrentarlos y seguir caminando, no se dejó amedrentar por ninguno de ellos porque él estaba centrado y entendía que si Dios estaba con él, nadie podía contra él.

Satanás no va a venir directamente donde ti a decirte: *"Apaga el fuego"*. Él va a utilizar todas las personas que tienen puertas abiertas, personas llenas de envidia, llenas de arrogancia, que van a ser posicionados por un espíritu, siendo engañados, tratando de apagar tu fuego.

No te dejes intimidar por personas que no te apoyan, que no creen en ti, que cuestionan lo que Dios te ha dicho, y que hacen todo lo posible para desacreditar tu fe, para que tú te sientas menos y para que tú no creas en lo que Dios ha depositado en ti.

Yo conozco a personas con dones preciosos, pero el miedo al qué dirán las han estancado y las han mantenido por años sentadas. Hay personas con grandes talentos que lamentablemente no los utilizan como Dios desea que lo hagan. Tengo como testimonio a un familiar, un día esa persona estaba orando y cayó una unción donde estaba que se enganchó en la pared, literalmente la unción fue tan fuerte que pudo escalar la pared y se mantuvo pegada a la pared suspendida por un tiempo hablando en lenguas, entró en una dimensión que violó la ley de la gravedad, luego bajó de la pared y caminó normal.

En otra ocasión, estaba orando y de pronto se detiene y cuando se para no está en su habitación, estaba en la casa de un hermano y dijo: ¿Yo qué hago aquí? Cuando vio al hermano, notó que tomó el teléfono y llamó a alguien, y ella escuchó toda la conversación y vio cómo estaba el hermano vestido y todo, ella le dijo a Dios: *"Señor sácame de aquí"*, volvió a su habitación asombrada y llamó al hermano que vio en la visión y le dijo tú tienes tal ropa puesta, llamaste al teléfono, estabas hablando con tal persona y le dijiste tal cosa... y el varón se quedó congelado al otro lado de la línea. El don que tiene esa persona yo no se lo he visto a nadie, es una persona vidente literal, que opera en lo sobrenatural, pero la intimidación la tiene sentada, con miedo a si falla, a si no funciona, o a si no la aceptan, es una pena que por esto existan tantos talentos enterrados alrededor del mundo. Yo estoy hablando solo de un familiar, pero cuántas hermanas y hermanos que me leen, han tenido experiencias muy sobrenaturales pero por el miedo y el pánico, se han dejado intimidar de otros, y hoy no están fluyendo en el toque de Dios.

Yo mismo era intimidado por el qué dirán. A la edad de 18 años decía: *"Si no funciona me van a descalificar"*. Cuando oraba por los enfermos, oraba en secreto, que no me vieran, porque pensaba que si no sucedía el milagro nadie me iba a criticar, estaba con ese espíritu que Pablo dice: *"Espíritu de cobardía"*.

En una ocasión, yo estaba predicando, y trajeron a una niña de cuatro años que tenía un tumor en el ombligo. Cuando oré por la niña, me quedé con la incógnita de: *"¿se sanó o no se sanó?*, pensaba que si no se sanaba iban a decir que yo era un emocionista pero si se sanaba, lógicamente me iba a gozar. Recuerdo que le dije al coro de la iglesia que comenzaran a adorar, y cuando se creó la atmosfera de adoración, aproveché y le dije a uno de los ujieres que verificara si la niña se había sanado y efectivamente, Dios había hecho el milagro. Esto me enseñó, que no debemos dejarnos intimidar y detener el fuego y el don de Dios en nosotros, que hay que dar el paso de fe, porque Dios va a respaldar todo lo que Él ha dicho. Tuve que soltar la vergüenza para poder operar en el don de Dios, soltar el pánico, soltar el miedo, porque cuando el Espíritu Santo te envía, Él te respalda.

Muchas personas hoy, se sienten intimidadas por la opinión que van a tener los demás acerca de lo que están haciendo para Dios, pero el Espíritu Santo quiere que tú avives el fuego, que no te detengas y que hagas lo que tienes que hacer. Las personas que han triunfado en este mundo han fallado cientos de veces, la historia te dice que los que alcanzan la cima no son los perfectos, sino los que han fallado y se han perfeccionado en sus fallas.

Satanás va a trabajar arduamente para hacerte dudar de la capacidad que tienes, a Satanás no le importa que duden de tu don, el enfoque de Satanás es hacerte dudar a ti de lo que tú tienes, porque si tú dudas, dejarás de creer y si dejas de creer, dejarás de fluir. Así que, debes mantenerte firme, creyendo en lo que Dios te ha dado.

Mi deseo es, que todo pánico y todo miedo salga de tu corazón y comiences a ser una persona valiente en Dios, comiences a hablar y a fluir en los dones que Dios depositó en ti, que aunque los que estén alrededor de ti no crean, tú sí creas en lo que Dios dijo de ti.

¿CÓMO MANTENER EL FUEGO DENTRO DE TI?

"Orando en todo tiempo con toda oración y súplica en el Espíritu, y velando en ello con toda perseverancia y súplica". Efesios 6:18.

Para mantener ese fuego encendido dentro de ti, no te olvides de orar, cuando tú te olvidas de la oración, el fuego se te apaga, cuando te olvidas de orar el don de Dios se adormece, tu vida es controlada por tus sentidos y tus ojos espirituales se apagan.

Ora a Dios, deja que te dirija el Espíritu Santo. Orar en el Espíritu, es ser dirigido por Él. *"Orando en todo tiempo y con toda oración y súplica en el Espíritu"*, es lo único que Dios dice que hay que hacer. En todo tiempo tú no puedes dormir, porque te conviertes en un perezoso, no puedes trabajar en todo tiempo, porque te conviertes en un ambicioso, no puedes comer todo el tiempo porque vas a subir de peso y no es saludable para ti, no puedes bañarte todo el día porque te vas a enfermar, lo único que la Palabra dice que hagamos en todo tiempo, es orar.

La oración trasciende el tiempo porque es parte de la eternidad de Dios, Él nos llamó a orar en todo tiempo porque la oración aviva el don, aviva el fuego y te mantiene en el orden divino para fluir en el Espíritu Santo. La oración es tan importante que Jesús que es el ser más poderoso que pasó por esta tierra, nunca dejó de orar. ¿Puedes entender esto? Jesús, un hombre que caminaba sobre las aguas, fue el primero que echaba fuera demonios y esos demonios se sujetaban a lo que Él les ordenaba, resucitaba a los muertos, hacia grandes señales, aquel que murió y resucitó al tercer día, el primer hombre que se fue al cielo suspendido en el aire, sólo Jesús, el ser más poderoso, Dios hecho carne, el verbo de Dios; su estilo de vida era orar, y así de importante debe ser la oración para nosotros.

En el libro de **Lucas 22:39-41** se narra lo siguiente: "*39Y saliendo, se fue, como solía, al monte de los Olivos; y sus discípulos también le siguieron. 40Cuando llegó a aquel lugar, les dijo: Orad que no entréis en tentación. 41Y él se apartó de ellos a distancia como de un tiro de piedra; y puesto de rodillas oró*".

Jesús tenía una costumbre, una disciplina, y era orar, orar todo el tiempo. ¿Cómo lo solía hacer? Tenía un lugar específico, un lugar que le encantaba, el monte de los Olivos. Ese lugar de los Olivos, que yo tuve el privilegio de ir allí por misericordia y gracia de Dios, le llaman el lugar del aceite, Él iba a orar donde había aceite, donde había unción.

En el libro de **Lucas 6:12-13** dice que *"¹²En aquellos días él fue al monte a orar, y pasó la noche orando a Dios. ¹³Y cuando era de día, llamó a sus discípulos, y escogió a doce de ellos, a los cuales también llamó apóstoles"*. Estos versículos me parecen interesantes, porque dice que Jesús se pasó la noche orando y que al otro día escogió a sus discípulos, esto me da a entender que mientras oraba, recibió la revelación de quienes iban a ser sus discípulos.

Debemos comprometernos con la oración, si no somos disciplinados y comprometidos con la oración olvidémonos del don de Dios, de tener visiones y revelaciones, de crecer espiritualmente.

Para Jesús era tan importante la oración que detenía su agenda para hablar con Dios, porque ese es el principio de mantener el fuego encendido, manteniendo la oración, orando en todo tiempo. Hoy estamos tan afanados en hacer tantas cosas, que nos olvidamos de orar y por eso terminamos haciendo menos cosas, creemos que el movernos más nos va a ayudar a avanzar y lo que terminamos es más cansados y avanzamos menos, creemos que haciendo más actividad vamos a alcanzar más cosas y lo que hacemos es que alcanzamos menos. Hay personas que están tan ocupadas y tan comprometidas con su sueño, que no tienen tiempo de hablar con el que les dio el sueño, están tan comprometidos con predicar el evangelio que no pueden escuchar al que les dijo que prediquen el evangelio, tienen tiempo de sobra para todas las cosas menos para orar. Yo tengo más de 30 años predicando el evangelio de Cristo y yo les puedo decir por experiencia, que cuando no oro, nada pasa, no acontecen los milagros, la unción se va de ti, se apaga el fuego, te vuelves una persona insensible y fría a las cosas de Dios. Si yo no tengo tiempo para orar, no debo de tener tiempo para predicar, si yo no tengo tiempo para orar, no debo profetizar porque todo lo que yo haga sin el respaldo de la oración no va a funcionar, porque es en la oración donde es revelada la voluntad de Dios.

La oración es tan importante, que es lo que más te da batalla para mantener en tu vida. Tú no batallas para ver televisión, tú no batallas para leer un libro, para comer, para tener hijos, para ir al cine, para un trabajo, pero cuando se trata de orar ya te da pereza, cuando se trata de orar te da sueño, porque Satanás va a generar cualquier circunstancia contraria al espíritu de oración en tu corazón y va a traer cualquier cosa que te distraiga para que tú no dobles las rodillas, porque cuando tú doblas las rodillas, el cielo se abre, cuando tú comienzas a orar, Dios comienza a extender la mano y obrar a tu favor.

Cristo tuvo que orar, Él, que vino del cielo y era consciente de quién era, dice la Palabra, que Jesús se despojó de la forma de Dios, estaba con la gloria de su Padre y dejó esa gloria para venir a rescatarnos, sabía que era el hijo de Dios, el verbo, el que era y el que es, el que descendió de arriba desde su trono por voluntad propia y Él, teniendo conocimiento de todo, del universo, de las galaxias, de los millones y millones de ángeles, Él tuvo que orar para manifestar el reino de Dios en la tierra y la voluntad de Dios en este mundo.

Lo que estoy tratando de decir es, que si Él, que tenía conocimiento del reino ya que viene de arriba, que viene de la luz, de cosas que nuestros ojos no han visto, tuvo que orar en la tierra para que lo que Él quería sucediera y aconteciera, entonces nosotros ¿qué debemos hacer?, lo mínimo que debemos hacer, es mantener una vida comprometida con la oración.

Otro gran hombre que menciona la Palabra es al profeta Elías, este era un hombre de oración y de fuego. Todos queremos el fuego de Elías, pero no el estilo de vida de oración de Elías, entonces el fuego, la revelación, la efectividad del profeta Elías viene como resultado de una vida de oración.

El libro de Santiago, capítulo 5, versículos 17 y 18 dice: "*17Elías era hombre sujeto a pasiones semejantes a las nuestras, y oró fervientemente para que no lloviese, y no llovió sobre la tierra por tres años y seis meses. 18Y otra vez oró, y el cielo dio lluvia, y la tierra produjo su fruto*".

Cuando dice que Elías era hombre sujeto a pasiones como la nuestra, está hablando de que era humano como tú y como yo, él oró fervientemente para que no lloviera y no llovió, esto explica que ,a través de una vida de oración, Elías hizo cosas que un humano no puede hacer sin oración, pero al mismo tiempo te está diciendo que cualquier humano que adopte un estilo de vida de oración, puede hacer cosas sobrenaturales que ,a pesar de que sea humano, puede caminar fuera de lo humano.

Elías oró para que no lloviera y luego oró para que lloviera, es una parte que a mí siempre me ha impactado, fíjate lo siguiente: Elías recibe la orden de Dios de que profetice que no va llover, Elías cumple con la orden de Dios, y dice que no habrá lluvia; el cielo se cierra por tres años y medio, pero lo que me impacta a mí no es que el cielo se cerrara, ni que dejó de llover, es que Elías tuvo que orar para que no lloviera.

Santiago dice que Elías tuvo que orar para que lo que él dijo de parte de Dios, se cumpliera. Cuando me encuentro con esto me impacta, porque Dios dijo y fue hecho, Dios mandó y existió, pero en este caso lo que Dios le dice a Elías que va a ocurrir en la tierra no ocurriría si Elías no oraba. Es decir que hay cosas que Dios te ha dicho que se van a manifestar en tu vida, pero están condicionadas a una oración que debes hacer para que las puedas ver materializadas. Cuántas cosas se supone que deberías de ver manifestándose en tu vida, pero no las tienes y puede ser que la respuesta es porque no las peleaste en oración.

Otro claro ejemplo que podemos apreciar sobre el poder de la oración se encuentra en el libro de **Daniel 10: 10-20**; *"[10]Y he aquí una mano me tocó, e hizo que me pusiese sobre mis rodillas y sobre las palmas de mis manos. [11]Y me dijo: Daniel, varón muy amado, está atento a las palabras que te hablaré, y ponte en pie; porque a ti he sido enviado ahora. Mientras hablaba esto conmigo, me puse en pie temblando. [12]Entonces me dijo: Daniel, no temas; porque desde el primer día que dispusiste tu corazón a entender y a humillarte en la presencia de tu Dios, fueron oídas tus palabras; y a causa de tus palabras yo he venido. [13]Mas el príncipe del reino de Persia se me opuso durante veintiún días; pero he aquí Miguel, uno de los principales príncipes, vino para ayudarme, y quedé allí con los reyes de Persia. [14]He venido para hacerte saber lo que ha de venir a tu pueblo en los postreros días; porque la visión es para esos días. [15]Mientras me decía estas palabras, estaba yo con los ojos puestos en tierra, y enmudecido. [16]Pero he aquí, uno con semejanza de hijo de hombre tocó mis labios. Entonces abrí mi boca y hablé, y dije al que estaba delante de mí: Señor mío, con la visión me han sobrevenido dolores, y no me queda fuerza. [17]¿Cómo, pues, podrá el siervo de mi señor hablar* *con mi señor? Porque al instante me faltó la fuerza, y no me quedó aliento. [18]Y aquel que tenía semejanza de hombre me tocó otra vez, y me fortaleció, [19]y me dijo: Muy amado, no temas; la paz sea contigo; esfuérzate y aliéntate. Y mientras él me hablaba, recobré las fuerzas, y dije: Hable mi señor, porque me has fortalecido. [20]Él me dijo: ¿Sabes por qué he venido a ti? Pues ahora tengo que volver para pelear contra el príncipe de Persia; y al terminar con él, el príncipe de Grecia vendrá".*

Daniel está interesado en saber cuándo es el final de la cautividad del pueblo de Israel pero el ángel no le habla, es cuando él ora y busca que el cielo se comienza a revelar.

Desde el primer día que Daniel se dispuso a orar, el ángel salió para hablar a Daniel, pero lo detuvo el príncipe de Persia y el ángel no podía llegar a la tierra, no porque no fuese la voluntad de Dios, sino porque hubo resistencia en la atmósfera celeste, pero Daniel se quedó orando hasta que bajó el ángel y el ángel le dice perdona, yo tenía que haber llegado hace 21 días, pero hubo una guerra espiritual que me retrasó, pero oraste y tu oración fue escuchada.

Hay personas con manifestaciones atrasadas porque no ponen en práctica el espíritu de oración. Hay cosas de Dios que se manifiestan soberanamente, pero hay otras que hay que manifestarlas en oracion, hay otras que solo hay que creerlas, hay enfermos que se sanan con su Palabra, pero tenemos de ejemplo la mujer con el flujo de sangre, ella tuvo que tener fe, llegar donde Jesús y tocarlo para ser sanada.

¿Qué pasaría si en tu vida solo va a pasar lo que tú oras? La Palabra dice en el libro de **Mateo 21:22** *"Y todo lo que pidiereis en oración, creyendo, lo recibiréis"*. Entonces, ¿Qué pasa si tú no oras? Simple, no recibes. El cielo necesita ponerse de acuerdo con la tierra para manifestar su voluntad en la tierra. Dios necesita un ser vivo con voluntad propia que se ponga de acuerdo con Él y la única forma de hacerlo, es por medio de la oración.

Mi deseo es que tú pongas esto en práctica, ten un espíritu de oración y tu vida va a cambiar, no vas a ser el mismo, no vas a ser una persona común, todo en tu vida tendrá un sentido diferente, vas a encontrar las respuestas que por tanto tiempo has estado esperando y lo más importante, tendrás una relación íntima y genuina con el Espíritu Santo, pudiendo de esa manera, caminar en su poder sobrenatural.

CAPITULO IX

NO TE DETENGAS FRENTE A LOS OBSTÁCULOS

"²Ministrando estos al Señor, y ayunando, dijo el Espíritu Santo: Apartadme a Bernabé y a Saulo para la obra a que los he llamado. ³Entonces, habiendo ayunado y orado, les impusieron las manos y los despidieron. ⁴Ellos, entonces, enviados por el Espíritu Santo, descendieron a Seleucia, y de allí navegaron a Chipre".

HECHOS 13:2-5.

En esta historia podemos ver la primera vez que Saulo, que es el Apóstol Pablo es enviado por el Espíritu Santo de Dios y algo que me atrae mucho la atención es que la Escritura habla de tres cosas que estaba haciendo la iglesia primitiva ese día. Estaban ministrando al Señor, estaban ayunando y estaban orando. La palabra ministrar que se usa en este verso es adorar. Cuando ellos entraban al lugar santo, entraban a ministrarle a Dios en adoración. A Dios se le ministra cuando le adoramos. No hablo sólo de cantar, hablo de la reverencia, el reconocimiento, la humillación y el amor con que cantamos y adoramos a Dios. También la Biblia muestra la oración y el ayuno. El ayuno es tan importante que el poder de Dios nunca se multiplicará en tu vida si no ayunas; la única solución para controlar tu carne es el Espíritu Santo y el ayuno, acompañados de la oracion que como leíste anteriormente es sumamente importante para ver el poder de Dios manifestado en nuestras vidas.

Dios revela el misterio y la importancia de adorarlo, cuando le adoras estás ministrando a Dios y luego serás ministrado por Dios, por eso es que la voz del Espíritu Santo viene después de la ministración a Dios, porque cuando adoramos a Dios, la adoración prepara la atmósfera correcta para que venga la voz de Dios, su dirección y la guianza del Espíritu Santo.

La Escritura habla de que el Apóstol Pablo y Bernabé fueron enviados por el Espíritu Santo para esa región a predicar el Evangelio. Llegando a la región encuentran una persona, un procónsul y comienzan a predicarle el evangelio, pero lo impresionante es que encuentran un obstáculo y era un hombre llamado Barjesús que era un hechicero, un impostor, un falso maestro, alguien que operaba desde la oscuridad y desde las tinieblas. Era de suponer que Pablo, después de ser ungido por los ancianos y siendo enviado por el Espíritu Santo, no iba a tener oposición en esa región. Para darte mejor el contexto, esta historia se encuentra en el libro de Hechos capitulo 13, versículos 6-12. *"⁶ Y habiendo atravesado toda la isla hasta Pafos, hallaron a cierto mago, falso profeta, judío, llamado Barjesús, ⁷que estaba con el procónsul Sergio Paulo, varón prudente. Este, llamando a Bernabé y a Saulo, deseaba oír la Palabra de Dios. ⁸Pero les resistía Elimas, el mago (pues así se traduce su nombre), procurando apartar de la fe al procónsul. ⁹Entonces Saulo, que también es Pablo, lleno del Espíritu Santo, fijando en él los ojos, ¹⁰dijo: ¡Oh, lleno de todo engaño y de toda maldad, hijo del diablo, enemigo de toda justicia! ¿No cesarás de trastornar los caminos rectos del Señor? ¹¹Ahora, pues, he aquí la mano del Señor está contra ti, y serás ciego, y no verás el sol por algún tiempo. E inmediatamente cayeron sobre él oscuridad y tinieblas; y andando alrededor, buscaba quien le condujese de la mano. ¹²Entonces el procónsul, viendo lo que había sucedido, creyó, maravillado de la doctrina del Señor".*

Esta historia me llama mucho la atención, por tres cosas importantes, primero debemos adorar a Dios, segundo debemos de enviados por el Espíritu Santo y tercero habrán obstáculos en el camino.

Pablo comienza a predicarle el evangelio a este hombre y comienza a ministrarle de parte de Dios, mientras Pablo predica su primer mensaje, a su primera alma, se levanta este mago y comienza a distraer al procónsul, que está recibiendo la palabra, tratando de impedir que este hombre crea en la fe, y es algo interesante porque la Escritura dice que el mago se le resistía, procurando apartar de la fe al procónsul, entonces cuando Pablo nota esto, él entiende que hay una lucha espiritual y que hay una oposición para no predicar el evangelio, para que este hombre no fuera salvo. Este mago estaba literalmente lleno de demonios, lleno de oscuridad y su intención era detener la obra de Dios que estaba a punto de tomar lugar en la vida del procónsul.

Esto nos da a entender que los obstáculos serán parte de nuestras vidas y que estarán puestos en el camino por alguna razón, posiblemente para hacernos más fuertes, para que se revele la unción que cargamos o para que sepamos en medio de las dificultades la unción que ha sido depositada en nuestros corazones. Las habilidades y talentos pueden ser revelados cuando enfrentamos los obstáculos que claramente, no están para destruirnos, sino para aumentar nuestro enfoque en el llamado de Dios. Si no sabemos enfrentar estos obstáculos, terminaremos detenidos, destruidos y estancados, sin poder avanzar al propósito que Dios determinó para nuestras vidas.

Lo que el enemigo va a levantar en tu contra y poner en el camino para tratar de resistirte es real, no puedes cerrar tus ojos a la oposición, debes entender que habrá oposición a tu crecimiento, habrá oposición a tu vida de oración, habrá oposición a tu ministerio, habrá oposición a tu familia, habrá oposición para todo aquello que Dios quiere entregarte. Pablo enfrentó en su primer viaje oposición, pero la oposición no desanimó a Pablo, no lo detuvo, no lo escandalizó, sino que tomó las armas espirituales para enfrentar la oposición que se le presentó en el camino.

Lo impresionante es, que la oposición vino en un cuerpo, a través de un brujo, el diablo puede usar aún a tu propia familia, puede usar a las personas cercanas a ti que quieren

que tú te desanimes, que te desenfoques, que te estanques, pero quiero decirte de parte de Dios, avanza, porque contigo está el Espíritu Santo y Él te dará la victoria. No te dejes sucumbir frente a la oposición que estés enfrentando y mucho menos cuestiones a Dios.

Hay personas que "en medio de la situación adversa que se les presenta" comienzan a cuestionar a Dios: *"¿Si tú me enviaste por qué hay resistencia, si tú me enviaste por qué las cosas no se dan, si tú me enviaste por qué el negocio no prospera, si tú me enviaste por qué mi mensaje no llega, si tú me enviaste por qué no siento la unción, si tú me enviaste por qué se levantan contra mí, por qué siento esta batalla?"*.

Si te detienes a leer profundamente esta historia, te das cuenta que Pablo no cuestiona a Dios, porque él sabe lo que dijo el Espíritu Santo y él entiende que todo lo que en su camino contradiga la voluntad del Espíritu Santo, no viene de Dios, viene del diablo. El Apóstol Pablo sabía que era una guerra y la tenía que enfrentar en la plataforma correcta, a nivel espiritual.

Hoy en día, hay personas que están bajo la influencia de Satanás, hay espíritus que controlan, que hacen influencia en esas personas y las decisiones que toman es bajo influencia diabólica. Por eso tenemos que estar alertas, tenemos que ser como Pablo, que enfrentó a Barjesús con la unción del Espíritu Santo de Dios.

La Escritura dice que cuando Pablo está frente a este brujo que quiere impedir que el procónsul se salve, él ve que es una oposición, él deja de predicar, y ya no le está hablando al procónsul, se dirige a Barjesús que está endemoniado, entonces Pablo lleno del Espíritu Santo fijó los ojos en el brujo y le dijo: *"¡Oh, lleno de todo engaño y de toda maldad, hijo del diablo, enemigo de toda justicia! ¿No cesarás de trastornar los caminos rectos del Señor? Ahora, pues, he aquí la mano del Señor está contra ti, y serás ciego, y no verás el sol por algún tiempo. E inmediatamente cayeron sobre él oscuridad y tinieblas; y andando alrededor, buscaba quien le condujese de la mano".*

El brujo quedó ciego y tres cosas pasaron como consecuencia, número uno, le cayó oscuridad en los ojos, indicando que este hombre que se presenta como bueno, está lleno de oscuridad, número dos, andaba alrededor y buscaba quién lo condujese por las manos, esto indica que ahora no tenía seguidores debido a que se había descubierto lo impostor y hechicero que era, la gente dejó de seguirlo, no sólo se salvó el procónsul, también la gente dejó de creer en el brujo y número tres, quedó avergonzado a través de este juicio.

Satanás se va a oponer y va a tratar de confundirte, no creas que estás sola y solo, en este mundo hay demonios y hay ángeles, hay una guerra y en esta historia puedes observar la lucha de la luz y las tinieblas, el brujo representa la oscuridad, Pablo representa la luz.

Este hechicero se oponía, pero hubo un momento en que ya no pudo contra el poder de Dios y es importante que entiendas que la oscuridad, las tinieblas, siempre tratarán de impedir que las personas reciban a Jesús, la Palabra dice que el dios de este siglo ha segado el entendimiento, pero el poder de Dios es el que da la solución, sin el poder de Dios tú no puedes enfrentar las tinieblas. Pablo dice que vuestra fe no esté fundamentada en los hombres, sino en el poder de Dios. Hay muchos que saben hablar bien, que se memorizan un mensaje y te lo hablan con elocuencia y sagacidad, pero los demonios y los brujos no son movidos por palabras de motivaciones, son movidos cuando el que habla tiene el poder de Dios. En esta historia el procónsul fue salvo, la Biblia dice que después de ver lo que ocurrió, creyó maravillado de la doctrina del Señor. El diablo no ganó, la oposición no ganó, así como no va a ganar contigo, la oscuridad no ganó, triunfó la luz, como va a triunfar contigo.

No ignores las acechanzas del diablo, a veces nuestra vida natural nos hace dejar de percibir las cosas espirituales y no nos damos cuenta de las maquinaciones del enemigo, ¿O es que crees que los demonios nada más se manifiestan en los brujos? Los demonios se manifiestan en todo cuerpo que no tiene a Cristo, no importa el nombre o el rango por eso es que debes orar por todo y atar toda influencia demoníaca en el nombre de Jesús.

Hay batallas en tu vida que te están dimensionando, que los demonios ya no te van a conocer como te conocían, van a conocer una guerrera, un guerrero que resiste, que cree, que tiene fe, que no se estanca, que a pesar de todas las batallas sigue orando, alabando y buscando a Dios.

Permíteme contarte este testimonio. Cuando yo fui la primera vez a Panamá, que Dios me envió de una forma espectacular, porque yo escuché la voz de Dios que me dijo: *"Te vas para Panamá"*, yo no conocía a nadie y recuerdo que cuando tenía todo listo, voy al consulado de Panamá, el cónsul me dice que yo no califico y me devuelve el pasaporte, me dice: *"Mire lo sentimos, pero usted no califica para entrar en este país"*, entonces yo entiendo que si Dios fue que me envió el cónsul está siendo una oposición para cumplir con el propósito de Dios.

Dios me envió a predicar y ahora encuentro que este hombre se opone, en ese momento pensé, este señor tiene que tener un demonio, no hay que tener don de ciencia para saber que la oposición no es natural, entonces yo no puedo responder al cónsul de manera natural, yo dije aquí vamos a pelear una batalla y comencé a orar en el mismo consulado con el pasaporte en la mano y le dije a la secretaria; mire llévelo otra vez, y ella me dice "caballero no, él dijo que no", y yo le decía pero por favor llévelo, y ella que no y yo que sí , y ella para salir de mí con una actitud totalmente negativa, lo tomó y se lo llevó, cuando ella se llevó ese pasaporte, yo oraba y declaraba, y decía; diablo quítate del medio, espíritu malo, suelta el cónsul de Panamá, había gente allí mirándome y en un momento me quiso agarrar la vergüenza, pero no lo permití, yo sentí el Espíritu Santo de Dios y comencé a orar en lenguas y decía suelta la visa diablo, suéltala, suéltala, vete de ese cónsul demonio, en el nombre de Jesús.

Después de orar como 15 minutos, llega la secretaria enojada y me dice; "mire venga acá" y me dio el pasaporte, diciéndome "tenga, tiene tres meses de visa para que vaya a Panamá" y yo dije, bueno gloria a Dios porque yo solo necesitaba una semana ¡jaja!, Dios es bueno, y si Él te da una asignación aunque el diablo se levante a hacerte la guerra, prevalecerá la voluntad de Dios.

Debes entender que vas a tener oposición para cumplir la voluntad de Dios en tu vida, pero tú tienes armas espirituales, que no son carnales, sino que son poderosas en Dios para derribar toda oposición que contra ti se levante, no desmayes frente al problema, no desistas de vencer, no te desanimes, no dejes de creerle a Dios venga lo que venga, no te derrumbes, sé como el Apóstol Pablo, llénate del Espíritu Santo de Dios y enfrenta esa oposición con la autoridad que solo Dios puede darte.

PALABRAS FINALES

Caminar en el poder del Espíritu Santo es una invitación directa del corazón de Dios para tu vida. El Espíritu Santo no busca corazones perfectos, sino corazones dispuestos. Él desea guiarte en cada paso, consolarte en cada prueba, y fortalecerte en cada debilidad.

El primer paso para caminar en ese poder es rendirse ante Él. No se trata de hacer más, sino de ceder el control, de reconocer que separados de Él nada podemos hacer. Su poder no opera donde reina el ego, sino donde hay humildad, hambre de Dios y una dependencia constante de Él. Esta rendición nos lleva a una vida de oración profunda, de búsqueda genuina, donde no nos conformamos con una visita del Espíritu Santo, sino que deseamos que Él more en nosotros.

Quizás, a veces sientes que no eres digno, que no sabes lo suficiente, o que no tienes lo necesario para ser usado por Dios. Pero el poder del Espíritu Santo no depende de tu capacidad, sino de tu disponibilidad. Él se glorifica precisamente en los vasos frágiles, en los que saben que sin Él nada pueden hacer. Por eso, lo primero que necesitamos es rendirnos. Rendir nuestros temores, nuestras propias fuerzas, y decirle: *"Espíritu Santo, haz tu obra en mí"*.

Caminar con Él también significa obedecer su voz, aunque a veces no entendamos el por qué, su poder fluye cuando hay un corazón obediente. La santidad también es parte de este caminar, tener una vida apartada para Dios, una vida que le dice: *"No quiero nada que te entristezca"*. El Espíritu Santo se siente cómodo en un corazón limpio, en un ambiente de honra, en una vida que busca agradar al Padre por amor, no por obligación.

No olvides que el poder del Espíritu Santo está profundamente conectado a la Palabra de Dios. Cuando tú te alimentas de las Escrituras, cuando las guardas en tu corazón, el Espíritu Santo las hace vivas, las respalda, las transforma en espada que corta, en bálsamo que sana, en semilla que da fruto. Una vida llena de la Palabra será una vida llena de poder.

Caminar en el poder del Espíritu Santo no es una vida de emoción, es una vida de relación, es despertar cada día diciendo: *"Espíritu Santo, guíame hoy"*, y acostarte sabiendo que no estuviste solo. Es permitirle formar a Cristo en ti, y dejar que, a través de ti, otros vean su amor, su verdad y su gloria.

Mi deseo es que no solo hables del Espíritu Santo, sino que camines con Él cada día, que su poder sea una realidad constante en tu caminar.

Mi oración para ti es, que reconozcas que sin el Espíritu Santo nada puedes hacer, que Él renueve ese fuego que habita dentro de ti. Que abras tu corazón y te perdone si lo has ignorado, si has vivido por tus propias fuerzas, si has apagado su voz, que Él te permita volver a Él y depender de Él. Que el Espíritu Santo te llene de su poder, no para ser visto, ni buscar gloria, sino para que Cristo sea exaltado en todo lo que seas y hagas, en el nombre poderoso de Jesucristo, amén.

ACERCA DEL AUTOR

Juan Carlos Martínez Harrigan, de origen dominicano, reside actualmente en la ciudad de Kansas, Estados Unidos. A la edad de 14 años recibió a Cristo como su salvador en San Pedro de Macorís, República Dominicana, pueblo característico por dar grandes jugadores de baseball. Con solo 14 años ya se dedicaba a jugar baseball y 4 años más tarde jugando, recibe el llamado de Dios para dedicarse por completo al ministerio de evangelista.

Desde entonces ha estado ministrando la palabra del Señor, primero en los campos, luego en los pueblos y actualmente ha llegado a Sur América, Estados Unidos y parte de Europa, conforme a una revelación divina, donde Dios le decía cómo su ministerio iba a crecer y contar con la presencia del Espíritu Santo a dónde él fuera, e iba a respaldarlo con señales, maravillas y prodigios.

A medida que el Espíritu de Dios se manifestaba a su vida, una necesidad surgió en su espíritu y esta era de impactar a las Naciones con la gloria del Señor, de arrebatar de las manos de Satanás las almas y traerlas al reino de Jesús, de aquí nace el nombre de su ministerio: *"Impacto de Gloria"*, donde él cree firmemente que el ser humano, sólo necesita ser impactado por la gloria de Dios para que su vida sea transformada, permitiéndole experimentar una comunión íntima con su Creador, comunión que lo capacitará para vivir una vida de abundancia y de victoria.

Hasta el día de hoy Dios ha mantenido su Palabra en él; por lo cual, el pastor Juan Carlos Harrigan reconoce que él es simplemente un instrumento en las manos del Señor, en donde Dios hace conforme a su gloria, poder y majestad.